100명중
98명이
틀리는 한글맞춤법

한 국 어 사 용 자 의 필 독 서

100명중
98명이
틀리는
한글 맞춤법

김남미
지음

어의없다 웬일인지 않돼
결제 어이없 멎 일 안돼
낳았다 왠일인지 금세 무난하다
결재 금새 며칠 나았다

나무의철학

- 이 책에서 ＊표기는 틀린 표현을 의미합니다.

사랑하는 그대여,

처음 당신을 보았을 때 난 **왜간장**이 탔어요.

연예를 처음 하는 것도 아닌데

습기 없는 성격이라 그런지 당신을 행복하게

해 주려던 내 계획은 항상 **숲으로** 돌아갔지요.

이제 내 모든 걸 **밭혀서** 당신에게 고백합니다.

내 **밭여자**가 되어 주세요.

맞춤법도 법이다

학생들에게 문법을 가르칠 때마다 강조해 온 말이 있다. '실제에서 말해지는 것이 진짜 언어이다. 표준어나 맞춤법은 공식적 상황을 위한 인위적 언어이다. 그 인위적 언어보다 자신의 실제 언어를 낮게 평가해서는 안 된다.' 그래서 규범 문법을 가르칠 때도 거시적인 원리나 틀에 집중하였지 소소한 낱말의 옳고 그름에 별 관심을 두지 않으려 애를 썼다.

그런데 인터넷에 떠돌던 '맞춤법 개그'는 규범적 옳고 그름에 대해 논의해야 한다는 사명감을 부추겼다.

- 모든 것이 숲으로* 돌아갔다.(➡ 수포로)
- 모든 위험을 무릎쓰고*(➡ 무릅쓰고)
- 문안하게* 사는 것이 제일이다.(➡ 무난하게)
- 어의없는* 일이 벌어졌다.(➡ 어이없는)

나는 앞선 오류들이 진정 '맞춤법 개그'이길 바란다. 만일 이런 개그들이 공식 문서에서 발견된다면 국어학을 공부한 사람들의 책임일지도 모른다. 나는 여전히 실제 언어가 맞춤법보다 중요하다고 생각한다. 또 맞춤법의 원리를 정교하게 다루기에는 내 실력이 턱없이 부족하다. 하지만 적어도 맞춤법이 실제 사용하는 언어로부터 나온 것이라는 점은 대중과 공유해야만 했다. 그래야 적어도 '무난'이 '문안'과 뒤섞이고 '수포'가 '숲'과 얽혀드는 상황은 피할 수 있을 테니까. 이 책이 그런 블랙코미디가 현실화되는 것을 막는 데 기여할 수 있기를 바란다.

25년 전인가? 음운론을 가르치던 노교수님의 말씀이 떠오른다.
"소설을 쓰는 것이나 문법을 공부하는 것이나 그게 다 그거다."
소설가를 꿈꾸던 어린 여대생은 몹시 당황했었다. 음운론과 소설이 같은 것이라니. 그것은 수학과 국어가 같은 과목이라는 말이 아닌가. 그런데 소설가가 되겠다던 여학생은 어느 틈에 음운론을 공부하는 대학원생이 되었다가 또 어느 틈에 글쓰기 교수가 되었다. 그리고 어쩌면 소설을 쓰는 것이 문법을 공부하는 것과 비슷한 면이 있을 수도 있겠다는 당황스러운 생각을 하기 시작한다.
나는 여전히 많은 꿈을 꾸는 사람이다. 그런데 꿈의 정체는 항상 모호하다. 글을 써야 비로소 내가 꾸는 꿈의 정체가 드러난다. 이 책을 쓰는 과정 역시 나를 다시 확인하는 시간들이었다. 나는 문법을 정말 좋아했고 그 즐거움을 다른 사람과 공유하기를 원하는 사람이었다. 이런 확인의 순간들은 중년의 아줌마를 행복하게 했고 또 다른 꿈을 꿀 수 있게 만들어 주었다. 소설가가 되어 다른 사람의 마음을 움직여 보고 싶었던 그 소녀가 이제야 이 책을 통해 다른 사람을 조금은 움직여 볼 용기를 내게 된 것이다. 또 그 움직임이 무엇인가를 막아 낼 수 있지 않을까에 대한 희망도 품게 되었다.

이 책이 나오게 된 것은 나의 두 가지 지병 덕분이다. 우선 '거절 결핍증'이다. 나는 누군가 나에게 무엇을 해 달라고 하는 것에 지나치게 깊이 감사한다. 나조차 모르는 깨알만한 재능을 시험해 주는 사람들이 아닌가? 그래서 감히 거절을 못한다. 두 번째는 '마감 맹신증'이다. 나는 마감의 힘을 믿는다. 마감은 초인의 능력을 발휘하게 하는 능력을 지녔다. 나는 이 책을 쓰면서 내 능력을 초과하는 힘을 내뿜는 순간을 맛보았다. 거절 결핍증 덕분이든 마감의 힘 덕분이든 한 가지는 분명하다. 이 책을 나 혼자 쓴 것이 아니라는 점이다. 나는 여기서 그들에게 감사할 의무와 책임이 있다.

먼저 이 책을 쓰는 데 공헌한 주체는 팍팍한 내 수업을 견디어 낸 수강생들이다. 나의 수업에는 과제가 지나치게 많다. 그래서 강의 평가 웹사이트에 '비추'와 '빡셈'으로 도배된 일도 있었다. 이 사실을 아는데도 과제를 포기할 수 없는 이유는 내 수업을 듣는 학생들과 함께 호흡하는 순간들이 행복하기 때문이다. 이 책에 반영된 질문의 방식들은 내가 그들과 함께 즐거움을 맛보는 방식들이다. 만 명이 족히 넘을 그 친구들에게 깊은 감사를 보낸다.

나와 함께 공부했던 모든 이들이 책을 쓰는 데 공헌한 사람들이기도 하다. 그들과 공부하면서 언어의 질서에 매료되고 또 다른 문제들을 열어가는 방법을 알게 되었다. 문법 공부의 고됨이 행복한 순간으로 남아 있는 것은 그 때문이다. 특히 세 분 교수님에게 감사드린다. 언어에 처음 관심을 갖게 해 주신 심재상 선생님과 국어에 대한 관심을 다른 영역에 풀어낼 수 있게 해 주신 임상우 선생님. 그리고 언어를 공부한다는 것이 얼마나 치밀해야 하는가를 몸소 보여 주신 지도교수 곽충구 선생님의 가르침에 깊은 감사의 말씀을 올린다. 이 책이 조금이라도 독자를 움직일 수 있다면 모두 그들의 덕분이다.

나무의철학이 나의 작은 재능을 감지해 준 점 역시 말할 수 없이 기쁘고 감사하다. 이 출판사가 펼쳐 준 멍석 위에서 마음껏 뛰놀 수 있었다. 특유의 거절 결핍증이 도져 정말 바쁜 여름이었다. 이러다 과로사 하겠다고 하소연하는 엄마에게 둘째 딸이 말했다.

"엄마가 바빠서 죽는다면 외할머니는 과로사 10번도 했겠다."

문득, 평생 일을 마다치 않았던, 지금도 새로이 일감을 주는 사람들에게 깊이 감사하며 일을 성취해 내는 어머니를 실감한다. 나의 이 거절 결핍증과 마감 맹신증은 어머니가 물려주신 자산의 일부였다. 이 작은 책을 그 자산의 주인인 내 어머니 유봉녀 여사에게 바친다.

차례

3장 모양이 비슷해서 헷갈리는 말

4장   국어 실력의 다크호스, 띄어쓰기

5장 또 하나의 우리말, 한자어

1

맞춤법 정복을 위한
기초 다지기

맞춤법이 뭐예요?

맞춤법에 통달하고 싶다면 맞춤법이 어떤 원리로 만들어진 것인지를 아는 것이 중요하겠지요? 원리라는 말 자체가 어려우시다고요. 맞춤법에 대하여 설명하는 책에서 제일 먼저 나오는 말이 무엇인지를 보세요. 어떤 규칙을 설명할 때는 맨 앞에 나오는 말이 가장 중요하고요, 거기에 맞춤법의 원리가 들어 있답니다. '한글 맞춤법 규범'에서 제일 먼저 나오는 말은 아래와 같습니다.

> **제1항** 한글 맞춤법은 표준어를 소리대로 적되 어법에 맞도록 함을 원칙으로 한다.

맞춤법은 소리 나는 대로 적는 것이다?

맞춤법은 표준어를 소리 나는 대로 적는 것입니다. 여러분이 소리를 어떻게 발음하는지 알고 이를 그대로 옮겨 적는 것이 맞춤법이라는 말입니다. 이 점을 꼭 기억해 두세요. 맞춤법은 표준어의 소리와 아주 관련이 깊답니다.

이렇게 말씀드리면 '나는 사투리를 쓰는데 어떡하죠?'라고 반문할 수 있어요. 하지만 그런 사람들 역시 표준어를 잘 알고 계십니다. 어린 시절부터 TV를 통해서 표준어를 듣고 생활했기 때문이지요. 게다가 초등학교에서 고등학교에 이르기까지 모든 교육은 표준어로 이루어집니다. 여러분이 일상에서 어떤 말을 써 왔던 아주 오랫동안 표준어의 영향을 받은 것입니다. 그래서 우리 모두는 표준어 발음을 생각보다 더 잘 알고 있답니다. 여러분이 알고 있는 표준어를 찾아내고 그 발음을 적어 내는 연습을 통해 맞춤법을 익히는 일이 가능하다는 뜻이지요. 표준어를 소리대로 적는 것이 맞춤법이라는 점, 꼭 기억하세요.

같은 뜻은 같은 모양으로

소리대로 적는다는 것 자체가 말도 안 된다고 생각하는 사람도 있을 수 있어요. 이런 반응은 맞춤법이 소리 나는 대로 적는 것이라면 이렇게까지 어려울 리 없다는 불만을 포함하는 것일 수 있습니다. 그리고 이 불만은 예를 몇 개만 생각해 보아도 쉽게 이해할 수 있습니다. 소리 나는 대로라면 '꽃이, 꽃도, 꽃만'은 '꼬치, 꼬또, 꼰만'이라고 적어야 할 텐데 그렇지 않으니까요. 맞춤법을 배우는 데 이런 질문이나 반응을 보이는 것은 좋습니다. 진지한 문제 제기의 일종이거든요. 실제로 '꽃이, 꽃도, 꽃만'이라고 쓰는 것은 소리대로 적은 것이 아닙니다. 그렇다면 제가 거짓말을 하고 있는 것일까요? 맞춤법에는 또 다른 원리가 있습니다. 바로 '어법에 맞게 적는다'는 것입니다.

어법에 맞게 적는다는 것은 '의미를 파악할 수 있게 적는다'로 이해하면 좋습니다. 맞춤법은 표기법입니다. 필연적으로 독자가 이해할 수 있도록 적는 것입니다. 그래서 동일한 의미를 갖는 것은 같은 모양으로 적어 주는 것이 원칙입니다.

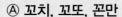

Ⓐ로 소리 나는 것을 Ⓑ로 적어서 좋아지는 점은 무엇인가요? 그것은 소리가 어떻게 바뀌든 간에 '꽃'이라는 표기가 고정되기 때문에 의미 파악이 쉽다는 데 있습니다. 같은 단어의 표기를 동일하게 함으로써 의미를 정확하게 전달하기 위해 Ⓑ처럼 적는 것이지요. 이것이 맞춤법 제1항의 어법에 맞게 적는다는 원리입니다. 어법은

국어의 문법이라 생각하시면 됩니다.

열을 보고 하나를 만든다

맞춤법에서 소리와 의미 두 가지를 모두 고려해 적으려면 특별한 시각이 필요합니다. 하나를 보면 열을 안다는 말이 있지요. 맞춤법으로 지정되어 있는 소리 하나에 이런 원리가 적용됩니다. 맞춤법이 어렵게 느껴지신다면 이 '열 가지를 보고 하나를 정했다'는 원리에 익숙하지 않기 때문입니다. 이것이 무슨 뜻인지를 '꽃'이라는 단어를 가지고 풀어내 보기로 하지요. 우리는 소리대로 적는다는 것이 '꼳또'나 '꼰만', '꼬치'처럼 각각의 소리를 적는 것이 아니라는 점을 확인했습니다. 그렇다면 어떤 소리를 적는 것일까요?

'꽃'이라는 발음을 해 보십시오. 받침의 'ㅊ'이 발음되나요? 소리 나지 않는데 왜 'ㅊ'을 썼을까요? '꽃'이라는 말에 모음 조사인 '이'를 연결시키면 [꼬치]로 소리가 나잖아요. 이 소리 'ㅊ'을 앞말의 받침으로 밝혀 준 것입니다. 우리는 이렇게 적는 것이 익숙해서 그렇게 하고 있다는 사실조차 잊었을 뿐 말의 소리를 고려하여 적고 있습니다. 맞춤법에서 소리를 고려한다는 것은 이런 의미입니다.

외래어의 표기 중 '라켓, 비스킷'의 받침이 왜 'ㅅ'일까요? 이것 역시 모음 조사인 '이'를 연결해 보면 [라케시, 비스키시]라는 것을 아시겠지요. 이 뒷말의 'ㅅ'을 앞말의 받침으로 밝혀 준 것입니다.

누군가는 이렇게 질문할 수 있어요. '솥'의 경우에는 [소치/소츨]이나 [소시/소슬]이라고 발음되는데 왜 '솥'이라고 적어야 하느냐고요. 좋은 질문입니다. 하지만 '솥'에 '에'를 붙여 보세요. 어떻게 발음되나요? 네, [소테]라고 발음이 된다면 그것이 올바른 발음입니다. '에'와 같은 조사를 붙여 보면 표준어가 어떻게 지정되었는지를 확인할 수 있어요. 이 조사 앞에 붙은 형태의 변화가 가장 느리거든요. '솥이'가 [소치]로 발음되는 것 역시 표준 발음입니다. 구개음화라는 말 들어보셨지요? 이 모음 앞에서 'ㅌ'이 'ㅊ'으로 변한 것이지요. 이때 [소시]로 발음하는 분들은 '내가 언어의 변화를 빨리 받아들이는구나.'라고 생각하십시오. 하지만 한국어를 사용하는 사람들이 모두 그렇게 발음하는 것이 아니기 때문에 아직 표준어에 반영할 수 있는 단계가 아닌 거예요. 그러면 이런 질문도 가능하겠네요. 그 변화는 언제 완성되는 것인가요? 알 수 없어요. 언젠가 어떤 형태로든 변화하게 되겠지요. 하지만 지금은 아니라는 점. 여러분의 발음과 맞춤법이 다를 때는 이 점을 기억하세요. 맞춤법은 아주 많은 사람의 발음을 확인하고 정한 것이라는 것. 그래서 내 발음과 다를 수 있다는 것을 말이에요.

내 머릿속의 국어사전

- 품사 -

여러분은 문장을 외우고 있을까요? 단어를 외우고 있을까요? 문장을 외우는 것이 아님은 확실합니다. 우리가 글을 쓸 때 외웠던 문장을 찾아 옮기는 것은 아니니까요. 또 사람들이 끊임없이 새로운 문장을 만들어 내는 것을 보면 더욱 확실해집니다. 사람들이 머릿속에 저장해 외우고 있는 것은 단어입니다. 여러분의 머릿속에는 사전이 있답니다. 우리가 문장을 만들 때 머릿속에서 단어들을 찾아 사용하는 것입니다. 그렇다면 머릿속 사전에는 어떤 단어들이 어떻게 저장되어 있을까요?

학창 시절에 배운 품사라는 말을 기억하시나요? 제가 갑자기 머릿속의 사전에 대한 얘기를 꺼내는 것은 품사가 무엇인지를 설명하기 위해서랍니다. 품사는 명사나, 동사, 형용사, 부사 등을 가리키는 말이잖아요. 그 품사들이 머릿속 사전에 저장되어 있는 단어입니다. 언어학자들은 여러분의 머릿속에 저장되어 있는 단어들의 유형을 구분하고 그 단어가 원래 가졌다고 판단되는 특성에 따라 분류하였습니다. 그 구분이 품사이고 머릿속 사전을 연구해 낸 결과 중 하나지요.

그렇다면 품사를 나누는 기준은 무엇일까요. 단어의 기능, 의미 그리고 형태입니다. 기능이란 문장 속에서 그 단어가 하는 역할이에요. '꽃'이라는 단어를 예로 들어 볼까요. 이 단어는 문장 속에서 주로 주어나 목적어의 역할을 하겠지요. 문장 속에서 주어나 목적어의 역할을 하는 단어들을 묶어 '체언'이라 합니다. 주어나 목적어를 문장의 '몸'이라 생각하여 그렇게 이름 지은 것이지요. 체언 속에는 '명사, 대명사, 수사'가 있어요. 명사는 '이름', 수사는 '수', 대명사는 '명사 대신'이라는 의미입니다.

그러면 '가다'는 어떤가요? 동작을 나타내는 '동사'입니다. 동사는 문장에서 원래 서술어의 역할을 하지요. 그래서 이를 기능에 따라 분류하면 '용언'입니다. 서술어 역할을 하는 동사, 형용사가 여기에 속하겠네요. '수식언', '관계언', '독립언' 역시 기능을 말해 주는 분류예요. 수식언은 다른 단어를 수식하는데 '관형사'가 체언을 꾸미는 것이나, '부사'가 용언을 꾸미는 역할에 주목해 이름 지은 것이에요. 단어와 단어 사이를 연결해 주는 관계언은 '조사'가 되겠네요. 마지막으로 '독립언'은 독립적으로 쓰이는 것으로 '감탄사'가 여기에 해당해요.

관형사와 형용사의 구별을 어려워하는 분들이 많습니다. 두 품사의 이름에 모두 '형形'이라는 글자가 있네요. 모양을 나타내는 품사거든요. 이럴 때는 '관형사'의 '관冠'에 주목하면 됩니다. '왕관' 할 때의 '관'입니다. 명사에 마치 왕관처럼 붙어 모양이나 형태를 나타내 주는 품사가 관형사이지요. 형용사가 명사를 꾸며 주는 경우도 있지만 그럴 때는 다른 어미의 도움이 필요하거든요. 품사는 단어가 원래 가진 특성으로 구분한 것이니까 어미 따위가 붙어 기능이 달라질 때의 모습은 고려하지 않는답니다.

한국 사람의 머릿속 사전에 있는 단어들을 이렇게 기능이나 의미로 구분한 것이 국어의 9품사랍니다. 앞서 보인 기준에서 남은 것이 하나 있네요. '형태'입니다. 여기서 형태란 단어가 문장 속에서 모양이 달라지는지 여부에 따라 나누는 거예요.

'가다'라는 동사를 보세요. 문장 속에서 '가다'로만 나오나요? '꽃'은 어떤 문장에서든 글자의 모양이 변하지 않지만 '가다, 예쁘다'와 같은 용언은 계속 변화합니다. '가고, 가니, 가서, 갔는데, 갈수록, 가면, 가더라도' 등으로 바뀌지요. 한국어에서 형태가 변하는 품사는 동사와 형용사예요. 조사 중에서도 이렇게 변화하는 것이 있습니다. '이다'인데요. 이 단어가 붙으면 앞의 명사에게 서술어의 자격을 준다하여 서술격조사라 합니다. 이 '이다' 역시 문장 속에서 '이고, 이니, 이어서 등'으로 바뀌기 때문에 형태가 변하는 품사에 해당해요. 국어의 품사 9개를 기능, 형태, 의미의 기준으로 나누어 정리하면 다음 그림과 같습니다.

● 국어의 9품사

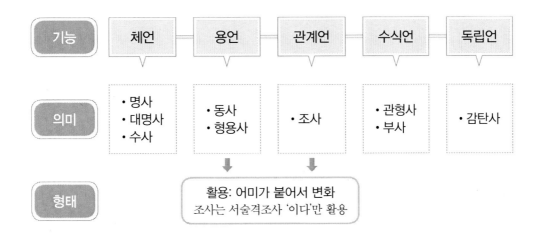

문장 속 품사의 쓰임

　　'가다'라는 단어가 있어요. 이 단어의 의미는 어디에 들어 있나요? '가-'에 있습니다. 그러면 '-다'는 무엇인가요? '어미'입니다. 어미는 말 그대로 단어의 꼬리입니다. 이때 어미가 없이는 '가-'라는 단어가 혼자 설 수조차 없어요. 그래서 국어의 동사, 형용사, 서술격조사는 항상 '어미' '-다'를 붙여서 기본형이라 말하는 것입니다. 어미들은 여러분이 생각하는 것보다 훨씬 많은 역할을 합니다. '가다'가 문장 속에서 제대로 쓰이기 위해 어미가 어떤 역할을 하는지 한번 볼까요?

　　오른쪽 그림은 동사 '가다'가 문장에서 쓰이기 위해 어미들을 만나는 모양입니다. 국어는 이렇게 실제 의미를 가진 부분에 다양한 문법적 의미를 갖는 어미들이 붙어서 문장을 만듭니다. 그리고 '가-'

에 아무리 다양한 어미가 붙더라도 의미가 바뀌지 않습니다. 한국어를 모국어로 쓰는 분은 동사나 형용사에 어미가 붙어서 바뀌는 활동을 자동적으로, 자유자재로 할 수 있답니다.

외국인이 우리말을 배운다고 생각해 보세요. 하나의 동사인 '가다'가 이렇게 많이 변화할 수 있다는 것을 알면 놀라지 않을까요? 그래서 한국어를 배우기 어렵다고 이야기하는 것입니다. 동사나 형용사마다 이렇게 다양하게 활용을 하니 그럴 수밖에요. 그러니 한국어를 모국어로 사용하는 우리들은 행복한 거예요. 이 어려운 활용을 외우지 않고도 척척 해낼 수 있잖아요.

가 — 다 / 기니? / 므로 / 면 / ㄹ수록 / 시니 / 니 / 도록 / 는데 / 더라도 / 는구나 / 라 / 므로 / 면 / 도록 / 듯이 / ㄹ수록 / 는데 / ㄴ / 시니 / 더라도 …

국어 문법을 잘하기 위해서는 이 어미들을 제대로 이해해야 합니다. 국어의 대표적인 특성을 보여 주는 것이 이 어미들이니까요. 이제 맞춤법과 긴밀한 관련을 갖는 어미의 기능을 하나 알아보려 합니다. '가—'라는 품사의 머릿속에 저장된 기능은 서술어의 역할입니다.

그런데 이 '가—'를 문장의 주어로 만들 수 있을까요? 물론 가능합니다. 원래 문장의 주어 역할을 하는 것은 명사, 대명사, 수사예요. 체언은 원래 주어나 목적어의 역할을 한다는 의미라 했잖아요.

그렇다면 '가-'가 문장의 주어로 쓰이려면 명사처럼 되어야 할 것입니다. 여기서 '명사처럼'이라는 말이 중요합니다. '명사처럼'이라는 말을 한자어로 바꾸면 '명사형'이 되겠지요. 그러면 '가다'를 명사형으로 바꾸어서 문장의 주어로 만들어 보세요.

- 집에 가기가 싫다.

'-기'를 붙이니 '가다'라는 동사가 문장에서 명사처럼 쓰여서 주어가 되었지요? 이때 '-기'라는 어미가 문장 속에서 '가-'에게 명사처럼 쓰일 수 있도록 문법적 의미를 준 것이지요.

주의할 점은 명사처럼 된 것이지 진짜 명사로 바뀐 것은 아니라는 점입니다. 이렇게 품사는 바꾸지 않으면서 문장 속의 역할만 바꾸는 일도 '어미'가 해 내는 것이지요. 문장 속에서 명사처럼 쓰이도록 만들었다 해서 이 어미의 이름이 '명사형 어미'가 되는 거예요.

동사 '가-'는 문장 속에서 여러 어미가 붙어서 다양한 품사처럼 쓰일 수가 있습니다. 여기서 '품사처럼'이라는 말에 주목하세요. '명사처럼'이면 '명사형', '관형사처럼'이면 '관형형' 이렇게 어미의 이름이 붙여지니까요. 여기서 어미의 앞에 붙는 부분을 어간이라 합니다. 그리고 어간에 어미가 붙어서 형태가 변화하는 것을 활용이라고 하지요. 다음 그림을 보면 어간과 어미의 관계를 쉽게 이해할 수 있을 것입니다.

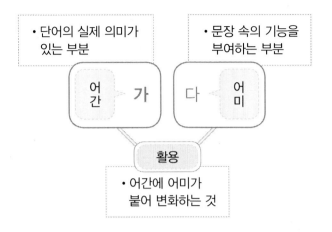

• 단어의 실제 의미가
있는 부분

• 문장 속의 기능을
부여하는 부분

어간   가   다   어미

활용

• 어간에 어미가
붙어 변화하는 것

국어의 품사 중에서 활용을 하는 것은 동사와 형용사뿐입니다. 조사 중에서는 특별히 서술격조사인 '이다'만 변하지요. 이들은 아주 다양하게 변화합니다. 여기서 두 가지 질문이 가능하답니다.

첫 번째 질문은 이런 어미의 역할을 꼭 알아야 하는가를 묻는 것입니다. 여기에 대한 답은 여러분이 이 책을 보는 목적이 무엇인가에 달려 있습니다. 표준어나 맞춤법을 제대로 이해하겠다는 분이라면 활용이 무엇인지를 정확히 파악할 필요가 있습니다. 그래야 맞춤법이나 표준어의 복잡성을 좀 더 쉽게 이해할 수 있거든요. 만약 간단히 몇몇 맞춤법의 맞고 틀림을 확인하려는 분이면 지금은 이런 것을 정확히 이해하지 않아도 좋습니다. 좀 더 원리가 궁금해질 때 공부해도 늦지 않을 테니까요. 하지만 둘 중 어떤 경우라도 국어와 관련된 기본 문법을 알고 있을 때 맞춤법이 더 쉽게 이해된다는 점은 확실합니다.

두 번째 질문은 이런 설명이 이 책에서 설명하는 맞춤법과 구체적으로 무슨 관련이 있는가 하는 것이겠지요. 맞춤법이 한국어 문법의 질서와 긴밀하다는 것은 당연하겠지요. 그러니 여기서 말하고 있는 '품사'나 '활용'이나 '명사형', '관형형'과 같은 말은 맞춤법을 설명하는 데 사용될 수밖에 없어요. 그래서 미리 언급을 하고 낱낱의 항목 설명에 들어가려는 것입니다.

조사의 역할

명사, 대명사, 수사가 문장 속에서 역할을 하려면 조사가 꼭 필요합니다. 조사가 어떤 역할을 하는지 보기 전에 한국어에서 어떤 위치를 차지하고 있는지부터 점검해 보기로 하지요. 조사는 일단 품사입니다. 품사는 머릿속 사전에 담긴 단어들의 분류라고 했습니다. 이 말은 무슨 뜻일까요? 조사가 단어라는 것입니다. 맞춤법 띄어쓰기 조항은 모든 단어는 띄어 씀을 원칙으로 한다고 되어 있어요. 여기서 그 원칙에서 예외가 되는 것이 조사입니다. 조사는 앞말에 붙여 쓰니까요. 그래서 제대로 띄어 쓰려면 조사를 명확히 구분하는 것이 중요합니다.

국어의 문장에서 조사가 어떤 역할을 하는지를 아는 것이 조사를 이해하는 데 도움이 되겠네요. 문장을 만들면서 이 품사의 역할을 이해해 보기로 하지요. '사람'과 '동물'이라는 단어로 하나의 문장을 만들어 보세요.

- 사람이 동물이다.
- 사람조차 동물이다.
- 사람은 동물이다.
- 사람만 동물이다.
- 사람만큼은 동물이다.
- 사람까지 동물이다.
- 사람부터 동물이다.
- 사람마저 동물이다.

내용이 참이든 거짓이든 위의 문장들은 올바른 한국어 표기입니다. 위 문장들은 모두 두 개 이상의 조사를 가졌습니다. 체언이 문장 속에서 제대로 역할을 하려면 조사가 꼭 필요하니까요. 이때 조사는 두 가지 역할을 합니다.

첫 번째는 자격을 주는 역할입니다. 첫 번째 문장에서 '사람'이 주어가 되도록 만든 역할은 '이'가 했습니다. 주어의 자격을 주었다 하여 '주격조사'입니다. 동물이 서술어의 역할을 하게 해 준 것은 '-이다'입니다. 서술어의 자격을 준다고 해서 '서술격조사'이지요. 조사는 이렇게 명사에 다양한 자격을 줍니다. 보어의 자격을 주기도 하고(보격조사), 목적어의 자격(목적격조사)을 주기도 하지요. 부사의 자격(부사격조사)이나 관형사의 자격(관형격조사)을 주기도 합니다.

조사가 하는 두 번째 역할은 의미를 보태는 것입니다. 위의 문장들에서 '조차, 은, 만, 만큼, 까지, 마저' 등의 조사는 모두 특정한 의미를 더하고 있습니다. 의미를 보탠다고 하여 이들을 보조사라고 하거나 격조사와 다르다는 점을 강조해서 특수조사라고 부르기도 합니다. 이 보조사 중에는 원래 다른 품사였던 것들이 조사로 바뀐 것들이 많습니다. 그래서 다른 품사와 혼동되는 일이 많지요. 예를 들어 위의 문장에서 쓰인 '만큼, 만'은 조사이지만 같은 모양의 의존명사도 있습니다. 그래서 띄어쓰기가 아주 복잡해지지요. 조사 '만큼, 만'은 붙여 쓰지만 의존명사는 띄어 써야 하니까요. 여기에 관한 내용은 뒤에서 자세하게 다루기로 해요.

한국어의 대표적인 특성이 조사와 어미가 발달한 언어라는 점입니다. 그러니 조사와 어미를 제대로 구별하는 것이 문법을 제대로 이해하는 것이겠지요.

합성과 파생

　　여러분의 머릿속 사전에는 어떤 단어가 들어 있을까요? 단어들 중에는 하나로 이루어진 간단한 것들도 있지만 다른 단어와 결합하여 새로이 추가된 단어들도 있답니다. 이들 단어는 하나의 구성원으로 만들어진 것들보다는 조금 더 복잡한 구성을 가지겠지요. 그 단어들을 간단히 구분하면 아래와 같아요.

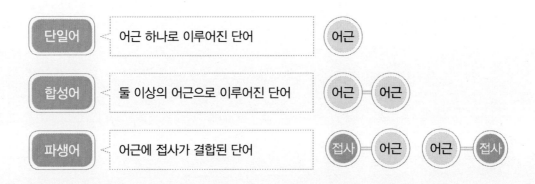

여기서 '어근'이란 실제 의미를 갖는 부분이라 생각하면 됩니다. 예를 들어 '먹이'라면 실제 의미는 어디에 들어 있나요? '먹-'에 들어 있지요. 이 부분이 '어근'입니다. '-이'처럼 실제 의미는 들어 있지 않지만 형식적 역할을 하거나 의미를 덧붙이는 부분을 '접사'라고 하는 거예요.

어떤 단어가 합성어인가 파생어인가에 따라 표준어나 맞춤법이 달라지는 경우가 있어요. 여러분이 많이 혼동하는 맞춤법 중에 그런 것들이 많습니다. 그래서 맞춤법이나 표준어 규정의 해설에는 '합성어', '파생어', '어근'과 같은 말이 나오는 경우가 꽤 있습니다. 그러니 이들의 구분을 간결하게라도 이해하는 것이 맞춤법을 공부하는 데 도움이 된답니다. 이 책의 설명에서도 합성어나 파생어, 접사 등의 말이 자주 등장할 것입니다. 다시 설명을 하겠지만 여기서 그 구분 원리를 익히고 가는 것이 전체 내용을 이해하는 데 밑거름이 될 것입니다.

욺, 좀, 얾

- 울음을 욺.
- 졸음이 와서 좀.
- 얼음이 얾.

웬 말장난이냐고요? 이런 예들이 조금은 낯설 수 있어요. 하지만 위의 표기들은 모두 맞춤법에 알맞습니다. 그렇다면 '울음/욺', '졸음/좀', '얼음/얾'은 어떤 관계일까요? '울음, 졸음, 얼음'은 알다시 피 모두 명사입니다. 그렇다면 '욺, 좀, 얾'은 명사가 아니겠네요. 동일한 명사라면 이렇게 다른 모양으로 표기할 리가 없으니까요. 사실 '욺, 좀, 얾'은 모두 동사랍니다. 복잡해 보이지만, 앞서 본 '활용'과 '파생'을 바탕으로 이 둘의 관계를 이해해 보기로 해요.

여러분의 머릿속에는 사전이 있다지요. 문장 속에는 머릿속 단어들을 꺼내서 그대로 활용하는 경우도 있지만 그 기능을 다르게 해서 쓰는 경우도 있다고 했습니다. 그중 하나가 명사형 어미입니다. '욺, 졺, 얾'은 동사를 명사처럼 만들어 주는 어미인 'ㅁ'이 결합된 것입니다. 국어에 'ㄹ'로 끝나는 동사나 형용사를 명사형으로 만들 때는 'ㅁ'만 붙이고 'ㄹ'을 탈락시키지 않는다는 규칙이 있습니다. 그런데 이런 명사형들은 파생명사인 '울음, 졸음, 얼음'과는 다릅니다. 명사형들은 문장 속에서 쓰이고는 곧 사라지거든요.

파생명사들은 이와 달리 하나의 단어로 굳어져서 머릿속에 저장되는 거예요. 그러니 여러분이 머릿속에서 언제든 꺼내 쓸 수 있어요. 즉, '울음, 졸음, 얼음 : 욺, 졺, 얾'은 아래 그림처럼 구별되는 관계랍니다.

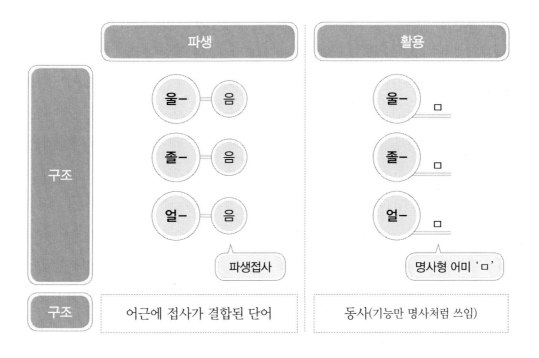

명사형을 붙인 모습과 파생명사의 모습이 서로 다르기 때문에 '울음/욺, 얼음/얾, 졸음/좀'의 관계가 어렵게 보이는 것입니다. 때로는 파생명사와 명사형이 같은 경우도 있습니다. 대표적인 예가 '앎'과 '삶'입니다. 이 둘은 아예 명사가 된 것과 문장 속에 명사처럼 쓰일 때의 모양이 같아서 구별할 필요가 없지요.

동사를 명사처럼 만들어 주는 어미에는 '-기'도 있습니다. '-기'가 현대 한국어에서 훨씬 더 많이 쓰이기 때문에 여러분들에게도 익숙할 거예요. 'ㄹ'로 끝나는 용언들의 명사형과 파생명사들의 관계를 비교해 보면 아래 표와 같습니다.

기본형	예문	명사형(동사)		파생명사
갈다	밭을 갈다.	갊	갈기	갈이
갈다	잉크를 갈다.	갊	갈기	갈음
걸다	옷을 걸다.	걺	걸기	걸이
굴다	바닥을 굴다.	굶	굴기	–
날다	하늘을 날다.	낢	날기	날개/나래
널다	빨래를 널다.	넒	널기	–
놀다	잘 놀다.	놂	놀기	놀이/놀음
살다	아파트에 살다.	삶	살기	삶
졸다	수업 시간에 졸다.	좀	졸기	졸음
알다	원리를 알다.	앎	알기	앎
얼다	길이 얼다.	얾	얼기	얼음
울다	많이 울다.	욺	울기	울음
줄다	옷감이 줄다.	줆	줄기	–
풀다	문제를 풀다.	풂	풀기	풀이

　자, 이제 맞춤법 정복을 위한 기초 수업이 모두 끝났습니다. 어떠신가요, 몇 가지 원칙만 기억하면 되니 생각보다는 덜 복잡하지요? 지금부터는 일상생활에서 자주 헷갈리는 맞춤법 예시들을 직접 보면서 이야기해 보도록 할게요.

2

발음이 비슷해서
헷갈리는 말

겉은 같아도 속이 다르다

비슷하거나 똑같은 단어들이 생기는 이유는 뭘까요? 여러 단어가 발음이나 모양이 같아지는 이유는 두 가지가 있습니다. 먼저, 특별한 이유 없이 같은 경우입니다. 동음이의어라 부르는 것이지요. 국어의 대표적 동음이의어는 '배'입니다.

- 배舟 사람이나 짐 따위를 싣고 물 위로 떠다니도록 나무나 쇠 따위로 만든 물건
- 배梨 배나무의 열매
- 배腹 사람이나 동물의 몸에서 위장, 창자, 콩팥 따위의 내장이 들어 있는 곳으로 가슴과 엉덩이 사이의 부위

동음이의어는 우연히 발음과 모양이 같기 때문에 이들을 구분하는 방법은 따로 없습니다. 단어가 사용되는 상황 속에서 확인하는 수밖에요. 하지만 의미상의 연관이 있어서 모양이나 발음이 비슷해지는 경우가 더 많습니다. 의미상의 연관이 모양의 유사성으로 이어지는 것이지요. 아래의 예를 볼까요?

• 먹다, 먹이다, 먹히다, 먹이, 먹보, 먹을거리, 먹방*

이 단어들이 비슷한 모양을 가져야만 이 단어들에서 '먹다'라는 의미를 이끌어 낼 수 있어요. 여기서 중요한 점은 단어 속 '먹-' 이외의 다른 부분이 단어의 의미를 달라지게 한다는 점이에요. 그러니 발음이나 모양이 비슷한 말은 차이가 나는 곳을 중심으로 기억해 두는 것이 좋아요.

예를 들어 볼까요? 여러분이 자주 쓰는 '먹이다', '먹히다'를 보세요. 이들이 '먹다'의 의미를 가졌다는 것은 금방 알 수 있지요. 그럼 이 둘의 차이는 '-이, -히'에서 옵니다. 이 둘을 중심으로 단어를 구분하면 '먹다, 먹이다, 먹히다'의 관계를 제대로 알게 되는 것이지요. 국어 단어들 중에는 모양이 비슷한데다 발음까지 유사해서 혼동되는 단어들이 꽤 많답니다. 이 장에서는 이런 단어들의 예를 살피면서 공통점과 차이점을 확인해 갈 거예요. 그런 것들이 어떤 것이 있는지 그리고 그 단어들은 어떻게 구별되는지에 대해 알아볼까요?

2

낫다 vs 낳다

‘낫다’와 ‘낳다’는 구별이 쉬운 말입니다. ‘병이 낫다’와 ‘아이를 낳다’가 혼동되는 일은 거의 없으니까요. 그래서 어떤 사람들은 이렇게 쉬운 걸 틀린단 말이야 하고 의아해 할 수도 있어요. 그런데 실상은 흔히 틀리는 맞춤법 중의 하나로 밝혀져 있습니다. 왜 이런 일이 일어날까요? 이런 맞춤법이 쉽다고 생각하는 사람과 어렵다고 생각하는 사람들에게는 어떤 차이가 있는 것일까요?

모음을 붙여 발음해 보면 쉽게 이해할 수 있습니다. ‘병이 나아’와 ‘아이를 낳아’를 소리 내어 읽으면 두 단어 모두 [나아]로 발음된다는 것을 아시겠지요. 이렇게 모음이 연결되면 소리가 같아지는 것에 주목하는 사람들은 두 단어가 헷갈릴 수밖에 없답니다. 학생들의 글에서 '어서 병이 낳아서[*] 건강해졌으면 좋겠습니다.'와 같은 맞춤법의 오류를 흔히 만날 수 있게 되거든요.

　그렇다면 이런 맞춤법이 쉽다는 사람들은 어떤 생각으로 이 두 말을 대할까요? 이 사람들은 '낳다'와 '낫다'와 같은 기본형을 염두에 두고 있는 사람들입니다. '병이 나아'라는 말이나 '아이를 낳아'라는 말을 쓰면서 '낫다/낳다'를 고려하고 있으니 두 말을 혼동하지 않을 수 있게 되는 것이지요. 이렇게 기본형을 고려해 두는 것이 왜 맞춤법을 준수하는 데 도움이 되는 것인지를 알아봅시다. 이를 위해서는 먼저 두 말이 모음을 만났을 때 발음이 같아지는 이유를 찾아야겠네요.

'낫다'는 모음을 만났을 때 원래의 'ㅅ'을 잃어버리는 말입니다. 이런 말을 'ㅅ불규칙 용언'이라고 하는데요. '병이 나아'를 쓸 때 '낫다'라는 원형을 기억하는 사람은 받침의 'ㅅ'을 쓰기가 쉽습니다. 왜일까요? 이 말의 발음이 [나따/낟따]이기 때문입니다. 국어에는 앞 음절에 'ㄴ,ㄹ,ㅁ,ㅇ'을 제외한 받침이 있으면 뒷 음절의 첫소리가 된소리로 발음 나는 현상이 있답니다. 이는 어떤 경우에도 예외 없이 생기는 현상이랍니다. 사람들이 항상 이 현상을 생각하고 사는 것은 아니지만 '낫다'라는 발음이 받침의 'ㅅ'을 기억하는 데 도움을 주는 것은 사실입니다.

그러면 '낳다'는 어떤 이유로 모음을 만나면 [나아]가 되는 것일까요? 국어에서 받침에 'ㅎ'을 갖는 말이 모음을 만나면 항상 'ㅎ'이 없어지는 현상이 있답니다. 이것 역시 예외 없이 일어나는 일이에요. 궁금하면 'ㅎ'으로 끝나는 단어를 하나 생각해 보고 모음을 연결해 보세요. '쌓다, 넣다, 낳다' 어떤 단어로 실험을 해 보셔도 좋습니다. 모두 '[싸아], [너어], [나아]'로 소리 나지요? 그런데 이 단어들에 '-고'와 같은 어미를 연결해 보세요. '[싸코], [너코], [노코]'가 되지요. 여기의 'ㅋ'은 받침의 'ㅎ'과 뒤의 'ㄱ'이 합하여서 생긴 것입니다. 이 두 말을 제대로 잘 구별하시려면 평소에 발음을 정확히 해 두세요. 만일 어떤 사람이 '아이를 낳아'라고 쓰려고 할 때 '낳다'의 발음 [나타]를 기억하고 있으면 이 'ㅌ'이 앞 음절에 'ㅎ'이 있다는 사실을 보여 주거든요. 발음을 정확히 하는 것으로 'ㅅ'과 'ㅎ'을 구분하는 방식을 표로 그려 볼까요?

(아기를) 낳다, 낳지, 낳고	(병이) 낫다, 낫지, 낫고
평소 발음을 정확히 [나타], [나치], [나코]	[나따], [나찌], [나꼬]
발음의 확인 'ㅌ, ㅊ, ㅋ' 확인	'ㄸ, ㅉ, ㄲ' 확인
표기에 반영 'ㅎ+ㄷ', 'ㅎ+ㅈ', 'ㅎ+ㄱ'	앞말 'ㅅ'이 뒤의 된소리를 만듦
받침 ㅎ 쓰기	받침 ㅅ 쓰기

📍 않돼/안돼

  낳다의 발음을 기억하는 일은 '않-'을 정확하게 사용하는 데도 도움이 됩니다. '아니하다'로부터 온 '않-'은 받침에 'ㄴ'과 'ㅎ'이 모두 나타나야 합니다. 이 역시 발음으로 기억하면 됩니다. [안타], [안코], [안토록]으로 발음하고 있으시지요? 그렇다면 표기는 '않다', '않고', '않도록'이잖아요. 그럼 '안돼'는 어떻게 발음하시나요? [안퇘*]로 발음하시나요? 그럴 리가요. 그러니 '안'으로 써야 하는 거예요. 표기법을 표기법으로만 외우려 하지 말고 자신의 발음과 연결 지어 생각해야 합니다. 특히 혼동되는 말이 있다면 발음을 꼭 확인해서 교통정리를 해 두세요.

넘어 vs 너머

- 산 너머 남촌에는 누가 살길래.
- 산을 넘어 가는 길은 생각보다 힘든 과정이었다.

'넘어'와 '너머'를 발음해 보세요. 당연히 [너머]로 같게 발음됩니다. 그리고 이 두 단어는 모두 '넘다'와 관련되어 보입니다. 그런데 왜 '너머'는 'ㅁ'을 뒤 음절의 첫소리로 넘겨서 표기하고 '넘어'는 'ㅁ'을 첫 음절의 받침으로 남겨서 표기하는 것일까요.

이 문제를 해결하기 위해서는 또다시 머릿속 사전을 기억해야 합니다. 머릿속 사전에는 단어들이 저장되어 있다고 했어요. 또 새로 만들어진 단어들이 머릿속 사전에 저장될 수 있다고도 했습니다. '넘어'와 '너머'의 관계는 이 사실과 관련이 깊습니다.

먼저 '넘어'에 대해 생각해 보세요. 이 단어의 품사는 무엇인가요? 맞아요. 동사입니다. 원래 동사는 어떤 속성이 있을까요? 답이 금방 떠오르지 않는다고 속상해 하지 마세요. 여러분은 이미 답을 알고 있습니다. '사다'를 예로 들어 동사의 특징을 살펴보기로 해요.

- 영희가 책을 샀다.

일단 문장에서 서술어로 주로 사용되는군요. 여기서 '주로'라는 말을 쓴 이유를 아시지요. 특정 기능을 부여하는 어미가 붙으면 다양한 역할을 할 수도 있기 때문이에요. 이 말을 하다 보니 동사의 다른 특성이 떠오르셨나요? 네, 국어의 동사와 형용사는 활용을 합니다. 동사는 서술어의 기능을 주로 하고 활용을 합니다. 이 두 가지의 특성은 생각보다 많은 정보를 우리에게 알려 준답니다. 무엇일까요?

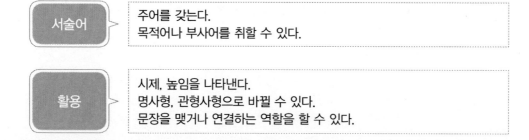

서술어	주어를 갖는다. 목적어나 부사어를 취할 수 있다.
활용	시제, 높임을 나타낸다. 명사형, 관형사형으로 바뀔 수 있다. 문장을 맺거나 연결하는 역할을 할 수 있다.

이외에도 많은 정보가 있지만 이 정도로도 '넘어'와 '너머'의 차이를 설명하는 데 충분해 보이는군요. 이제 구체적으로 생각해 봅

시다. '넘어'와 '너머'를 위에 보인 동사의 특성으로 비교해 보세요.

- 산 <u>너머</u> 남촌에는 누가 살길래.
- 산을 <u>넘어</u> 가는 길은 생각보다 힘든 과정이었다.

> ① 주어와 목적어를 취함(주어는 생략됨)
> ② 문장을 연결하는 역할을 함
> ③ 부사어로 꾸밀 수 있음 → 산을 <u>직접</u> 넘어 가는 길은

'넘어'는 ①, ②, ③처럼 동사의 특성을 유지하고 있어요. 그리고 '넘다'라는 동작의 의미도요. 하지만 '너머'는 그렇지 않아요. 즉, '너머'는 동사가 아닙니다. 그렇다면 '너머'는 뭘까요? 사물의 저쪽이나 공간을 가리키는 명사입니다. '넘다'라는 동사에 어떤 요소가 붙어서 명사로 바뀐 거예요. 그래서 머릿속 사전에 '너머'라고 따로 기록되어 있는 것입니다.

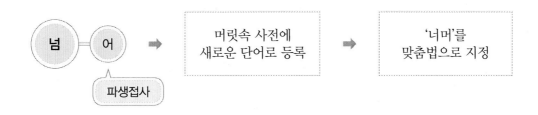

여기서 아주 중요한 질문이 나와야 해요. '너머'가 명사라 할지라도 '넘어'라고 표기할 수도 있지 않을까요? 예를 들어 '먹이'라는 단어는 '먹다'에 '이'가 붙어서 '먹이'라는 명사가 되었지요. 그

런데 이 경우에는 '머기*'라고 쓰지 않고 '먹이'라고 쓰잖아요. 이런 궁금증을 갖기 위해서는 지금 말하는 내용과 관련된 예들이 떠올라야 해요. 왜 '먹이'와 '너머'는 동일한 구성(어근+접사)인데 표기 방식은 다른 걸까요? 맞춤법의 관련 조항을 보면 어째서 이런 사정이 생긴 것인지를 알 수 있게 됩니다. 간단히 조항을 살펴볼까요?

> **한글 맞춤법 제19항 [붙임]**
> 어간에 '-이'나 '-음' 이외의 모음으로 시작된 접미사가 붙어서 다른 품사로 바뀐 것은 그 어간의 원형을 밝히어 적지 아니한다.
> 〈예〉 귀머거리, 까마귀, 너머, 마감, 마개

'너머'도 '넘다'에서 왔지만 '-이'나 '-음'이 아니기 때문에 원형을 밝혀 적지 않는 거예요. 그럼 이에 대해 또다시 왜라는 질문을 해야 합니다. 동사에 '-이'나 '-음'이 붙으면 명사가 된다는 사실을 한국어 사용자들은 알고 있어요. 그러니 '먹이'라고 쓰면 '먹다'에서 명사가 되었다는 것을 안다는 거죠. 이런 규칙을 살아 있는 규칙이라 말한답니다. 하지만 이 이외의 접사들에 대해서는 파생접사인지 아닌지를 구분하기 어렵습니다. 즉, 원형을 밝혀 쓰면 더 혼란스러울 수 있다는 것입니다. 생각해 보세요. 명사도 '넘어'고 동사도 '넘어'면 헷갈리지 않겠어요? 그런 이유로 명사 '너머'를 '넘어'로 표기하지 않는 것이랍니다.

어떻게 vs 어떡해

이 두 말의 소리는 거의 비슷합니다. '어떻게'는 [어떠케]로, '어떡해'는 [어떠캐]로 발음되거든요. 하지만 문장 속에서는 아주 다르게 사용되니 구별해 두셔야 합니다.

어떻게는 문장 속에서 서술어를 꾸미는 역할을 합니다. '-게'가 그런 역할을 하도록 만들거든요.

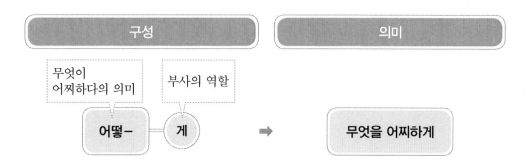

구성 / 의미

무엇이 어찌하다의 의미 / 부사의 역할

어떻- + 게 ➡ 무엇을 어찌하게

그러니 이 말은 '어떻게 돌아가는지'처럼 서술어를 꾸미도록 되어 있습니다. 뒤에 이 말이 꾸며 줄 동사나 형용사가 온다면 '어떻게'를 쓰는 것이 맞는 것입니다.

'어떡해'는 전혀 다른 말입니다. 이 말 속의 '해'에 주목해 주세요. 여기에는 '하다'라는 서술어가 들어 있습니다. 그러니 다른 말을 꾸밀 수 없지요. 이 말 자체로 서술어가 된답니다.

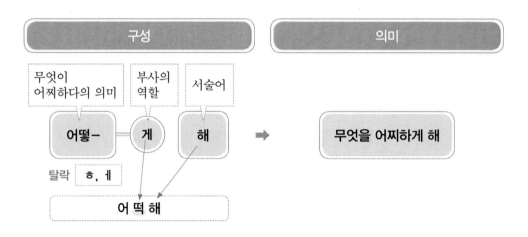

위의 그림을 보니 확실하게 이해되셨죠? '어떻'의 'ㅎ'과 '게'의 'ㅔ'가 탈락하여 만들어진 말이지요. '어떻게'와 '어떡해'를 구별하시려면 뒤에 어떤 말이 있는지를 주의 깊게 보세요.

① 이 일을 어떻게 처리하지?
② 이 일을 처리하지 못하면 어떡해.

①번은 '처리하다'와 같은 꾸며 줘야 할 말이 있네요. 이 경우에

는 부사 역할을 하는 '어떻게'를 쓰셔야 합니다. 그러나 ②의 경우에는 하나의 완결된 서술어가 필요하기 때문에 '어떡해'를 쓰는 것입니다.

'어떻다'와 '어떡하다'의 관계 역시 마찬가지입니다. '어떻다'는 형용사 '어떠하다'의 준말이고요. '어떡하다'는 '어떻게 하다'의 준말입니다.

③ 일의 상황이 어떻죠?
④ 일의 상황을 어떡하죠?

그래서 '어떻다'는 ③과 같이 문장에서 서술어로 쓰일 때 주어의 상태를 서술하는 형용사로 나타나는 것이고요. '어떡하다'는 '어떻게 하다'의 준말이어서 ④와 같이 동사처럼 쓰일 수 있는 것입니다.

5

붙이다 vs 부치다

'붙이다'와 '부치다'는 모두 [부치다]로 발음됩니다. 게다가 이 단어는 모두 '붙다'에서 온 말입니다. 동일하게 '붙-+-이-+-다'로부터 온 말 중 하나는 '붙이다'로 다른 하나는 '부치다'로 표기하는 것이지요. 이들을 다르게 표기하는 이유가 뭘까요? 일단 달리 표기한다는 것은 두 단어의 의미가 다르다는 말이겠지요. 이들 두 단어가 어떻게 쓰이는지부터 보면 궁금증이 풀리지 않을까요? 예문을 먼저 보기로 해요.

봉투에 우표를 붙였다.　　　➡ 우표가 붙게 하다.

담배에 불을 붙였다.　　　　➡ 불이 붙게 하다.

책꽂이를 벽에 붙였다.　　　➡ 책꽂이가 붙게 하다.

전문 용어에는 각주를 붙여서 설명했다.   ➡ 각주가 붙게 하다.

이 문장들의 '붙이다'는 모두 '붙게 하다'로 바꿀 수 있어요. 그러니 '붙다'의 의미를 알면 각각의 문장 속 '붙이다'의 의미를 알 수 있게 되지요.

> ## 붙다
>
> 맞닿아 떨어지지 아니하다.
> 시험 따위에 합격하다.
> 불이 옮아 타기 시작하다.
> 어떤 일에 매달리다.
> 시설이 딸려 있다.
> 조건, 이유, 구실 따위가 따르다.
> 식물이 뿌리가 내려 살다.
> 어떤 장소에 오래 머무르다.
> 어떤 판에 끼어들다.

지금까지 다룬 단어 '붙이다'는 '붙다'라는 의미와 관련이 깊었잖아요? 그런데 '부치다'는 이와는 좀 다릅니다. 예문부터 보지요.

밝은 달에 부쳐 읊은 시조.	➡ 달에 붙게 하다 (×)
부채를 부친다.	➡ 부채가 붙게 하다 (×)
빈대떡을 부쳐 먹는다.	➡ 빈대떡이 붙게 하다 (×)
소포를 부치다.	➡ 소포가 붙게 하다 (×)
식목일에 부치는 글.	➡ 식목일에 붙게 하다 (×)

원고를 인쇄에 부쳤다.　　　　➡ 원고가 붙게 하다 (×)

이 문제는 회의에 부치도록 하자.　➡ 문제가 붙게 하다 (×)

이 일은 힘에 부치는 일이다.　　➡ 힘에 붙게 하다 (×)

이 한 몸 부칠 곳이 없으랴.　　　➡ 몸이 붙게 하다 (×)

이들 단어가 앞선 '붙이다'와 다른 점은 '붙게 하다'로 바꿀 수 없다는 점에 있습니다. 이들도 역사적으로는 '붙다'로부터 생긴 단어이지만 오랜 세월이 지나면서 '붙다'라는 의미와 멀어지게 된 것이에요. 국어 맞춤법에서는 이렇게 본뜻에서 멀어진 경우 소리 나는 대로 적는 것을 원칙으로 하고 있어요. 그래서 [부치다]라는 발음 그대로 적는 것이랍니다.

우리는 여기서 맞춤법 1항의 의미를 제대로 짚어 볼 수 있답니다.

제1항 한글 맞춤법은 표준어를 소리대로 적되 어법에 맞도록
　　　　함을 원칙으로 한다.　　부치다　　　붙이다

먼저 '붙이다'를 소리와 달리 적은 것은 어법에 맞도록 한 것입니다. 여기서 어법에 맞는다는 말은 의미를 밝혀 적는다는 것을 의미합니다. 먼저 '붙이다'로 적음으로써 밝힐 수 있는 의미는 어떤 것인가요? 이 단어가 '붙다'라는 단어와 의미가 통한다는 것을 보여 주게 되지요. 동시에 '-이-'의 의미도 보여 줄 수 있습니다. '먹다'와 '먹이다'를 비교해 보세요. '먹이다'는 '먹게 하다'의 의미로

해석됩니다. 마찬가지로 '붙이다'의 '이'를 밝혀 적음으로써 이 단어의 의미가 '붙게 하다'라는 점도 보이게 되는 거지요.

그런데 '부치다'의 경우를 '붙이다'로 적으면 어떨까요? 이 단어들은 '붙다'라는 의미와 멀어졌기 때문에 '붙게 하다'의 의미로 해석될 수 있도록 표기되면 오히려 단어의 이해를 방해합니다. 그렇기 때문에 어원에서 멀어진 단어들의 경우에는 소리 나는 대로 적는 것을 원칙으로 삼은 것이에요.

'붙이다'와 '부치다'의 뜻 구별이 어려워 보였지만, 표기한 대로 해석하면 오히려 쉽다는 것을 아시겠지요? 여전히 이 단어들의 구별이 어려우시다면 그 원인은 다른 데 있습니다. '원고를 인쇄에 부쳤다'나 '몸을 부치다'와 같은 예문들이 낯설기 때문이지요. 하지만 낯선 것이 모두 어려운 것은 아니니 편안하게 받아들이는 것도 문법을 대하는 지혜이겠지요.

그러므로 vs 그럼으로

'그러므로'와 '그럼으로'는 동일한 발음 [그러므로]로 소리 나지만 의미는 다릅니다. 그 차이는 무엇일까요? 이번에도 역시 예문을 보면서 확인하는 것이 좋겠지요? 아래를 봅시다.

- 나는 생각한다. <u>그러므로</u> 존재한다.
- 인간은 말을 한다. <u>그러므로</u> 다른 동물들과 구별된다.
- 노래는 감정이다. <u>그러므로</u> 노래를 권한다는 것은 감정을 강요하는 것과도 같은 일이다.
- 법규가 <u>그러므로</u> 예외를 둘 수는 없다.

이들 문장 속에 있는 '그러므로'의 공통 의미를 찾으셨나요? '그러므로'라는 단어 속에는 '때문에'라는 의미가 들어 있습니다. 앞 내용이 뒷 내용의 원인이나 근거가 될 때 쓰는 말이지요. 이 단어들은 '그런 까닭으로, 그렇기 때문에, 그런 즉, 따라서, 그러니까'로 바꾸어 쓸 수 있습니다. 이들이 원인과 결과를 연결할 때 쓰는 말이거든요.

반면에 '그럼으로'는 이와 다른 의미로 쓰입니다. 예문으로 확인해 보지요.

- 나는 생각한다. 그럼으로 나의 능력을 계발한다.
  ➡ 생각하는 것을 통해 나의 능력을 계발한다.
- 인간은 다른 사람에게 말을 한다. 그럼으로 다른 사람과 소통한다.
  ➡ 말을 하는 것을 통해 다른 사람과 소통한다.
- 나는 열심히 논다. 그럼으로 삶의 활력을 찾는다.
  ➡ 노는 것을 통해 삶의 활력을 찾는다.
- 법규가 그럼으로 강제력을 갖는다.
  ➡ 법규를 통해 강제력을 갖는다.

위의 문장에서 '그럼으로'는 앞의 내용을 실행함으로써 뒷말의 결과가 온다는 의미를 가집니다. '~를 통해'로 해석이 된다는 것은 '그럼으로' 앞의 내용이 뒤의 결과를 위한 도구나 수단이 된다는 의미이지요. 그래서 위 문장 속의 '그럼으로'는 모두 '그럼으로써'로 바꿀 수 있습니다. '로써'는 앞말의 내용이 뒷말의 도구가 될 때 쓰는 조사이니까요. (로서 VS 로써 참조─80쪽)

이번에는 '으로써'가 조사라는 점에 주의해서 '그럼'의 특성을 살펴봅시다. 조사는 주로 어떤 품사의 뒤에 오나요? 명사입니다. 그런데 '그럼으로' 앞에 온 '그럼'은 명사인가요? 그렇지 않아요. '그럼으로'에 포함된 '그러다'는 '그렇게 하다'의 준말로 동사이거든요. 여기서 'ㅁ'의 정체는 뭘까요? 맞아요. '그러다'라는 동사에 명사형 어미 'ㅁ'을 붙여서 명사처럼 만들어 준 것이지요.

이제 '그러므로'와 '그럼으로'의 차이를 확실히 정리할 수 있게 됩니다. '그러므로'는 앞의 내용과 뒤의 내용을 원인과 결과로 이어 주는 역할을 하는 부사입니다. 반면 '그럼으로'는 '그렇게 하다'의 준말 '그러다'에 도구나 수단의 의미를 가진 조사가 붙어 앞 내용을 통해서(도구로 해서) 뒤 내용의 결과를 이끌었음을 표현해 주는 말이지요. '그럼으로'를 쪼개 보면 아래와 같이 구성되어 있답니다.

'그럼으로'와 '그러므로'를 구별할 수 있으면 아래의 문장들도 맞춤법에 맞게 쓸 수 있게 된답니다.

62

- 나는 생각하<u>므로</u> 존재한다.
- 인간은 말을 <u>하므로</u> 다른 동물들과 구별된다.
- 노래는 감정<u>이므로</u> 노래를 권한다는 것은 감정을 강요하는 것과도 같은 일이다.
- 나는 생각<u>함으로</u> 나의 능력을 계발한다.
- 인간은 다른 사람에게 말을 <u>함으로</u> 다른 사람과 소통한다.
- 나는 열심히 <u>놂으로</u> 삶의 활력을 찾는다.

위의 예시들은 두 문장을 한 문장으로 줄인 것입니다. 문장이 연결되어도 '그러므로'의 '므로'와 '그럼으로'의 '−ㅁ으로'가 유지되기 때문에 금방 구별할 수 있을 거예요. 여러분이 문장을 만들 때도 원인과 결과 관계에는 '므로'를, 도구나 수단을 나타낼 때는 '−ㅁ으로'로 써야 한다는 점을 기억할 수 있으시겠지요.

까닭, 원인	도구, 수단
나는 생각한다 / 그러므로 / 존재한다.	나는 생각한다 / 그럼으로 / 나의 능력을 계발한다.
나는 생각하므로 존재한다.	나는 생각함으로 나의 능력을 계발한다.

반드시 vs 반듯이
지긋이 vs 지그시

반드시, 반듯이는 모두 [반드시]로 발음되고요. '지그시, 지긋이'는 모두 [지그시]로 발음됩니다. 동일하게 발음되는 이 단어들은 꼭 구별해서 써 주어야 해요. 어떤 것은 받침을 앞에 밝혀 적어야 하고, 다른 것은 'ㅅ'을 뒤 음절로 넘겨서 적어야 합니다. 왜 이렇게 달리 적어야 하는 것일까요? 예문을 보면서 이 단어들의 구별 방법을 익혀 보기로 해요. 먼저 '반드시와 반듯이'부터 보지요.

- 반드시 시간에 맞추어 오너라.
- 말과 행동은 반드시 일치해야 한다.
- 인간은 반드시 죽게 마련이다.

- 반듯이 앉는 습관을 들여라.
- 침대에 반듯이 누웠다.
- 비뚤어진 모자를 반듯이 고쳐 썼다.

두 단어 모두 서술어를 꾸며 주는 부사입니다. 그런데 '반드시'는 '꼭, 틀림없이'라는 말과 바꿔 쓸 수 있습니다. 이 말의 뜻이 '꼭, 틀림없이'이거든요.

그렇다면 '반듯이'는 어떤 단어와 바꿔 쓸 수 있는가를 생각해보세요. '바르게'라는 단어 어떤가요? '반듯이'는 '비뚤어지거나 기울지 않고 바르게'라는 뜻입니다.

그럼 이 두 단어의 의미를 '반듯하다'라는 단어의 의미와 비교해보세요.

- 반듯한 사각형
- 반듯하게 개어 보관한 태극기
- 반듯하게 눕다

'반듯이'의 의미와 '반듯하다'의 의미가 같다는 것이 확인되시지요? '반듯이'와 '반듯하다'는 각각 부사와 형용사로 품사는 다르지만 의미상 차이가 없습니다.

'반듯이'가 [반드시]로 소리 나는데도 '반듯'을 밝혀 적는 것은

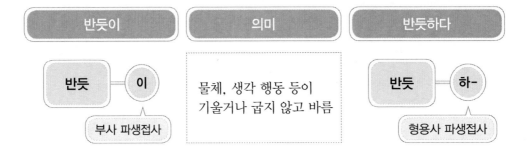

반듯이	의미	반듯하다
반듯 ─ 이	물체, 생각 행동 등이 기울거나 굽지 않고 바름	반듯 ─ 하-
부사 파생접사		형용사 파생접사

'반듯'이라는 원래 의미가 살아 있기 때문이랍니다. 그래서 '반듯'으로 적음으로써 '반듯하다'와의 의미적 연관성을 보여 주는 것이지요. 또 '반듯이'의 '-이'가 이 단어가 '부사'로 바뀌었다는 것을 확인할 수 있게 한다는 장점도 있답니다. 국어에서는 '-이'가 붙어서 부사가 되는 경우가 많으니까요. '깨끗이, 지긋이' 등이 그런 단어들이거든요. 어떤 단어가 원래 단어의 의미를 유지하고 있으면 '어법에 맞게 적음'으로써 의미를 알 수 있게 한다는 점이 반영된 것입니다.

그러면 '반드시'를 '반듯이'로 적지 않는 이유도 아시겠지요? '반드시'도 역사적으로는 '반듯'으로부터 나왔을 가능성이 높습니다. 하지만 현재는 '꼭, 틀림없이'라는 뜻을 가지게 되었잖아요. 그래서 원래 의미로부터 멀어졌습니다. 이 경우에는 '반듯'이라는 의미를 밝혀 적으면 오히려 혼란스럽게 됩니다. 그래서 '소리 나는 대로' 적도록 규정하고 있는 것이지요.

'어법에 맞게' 적거나 '소리 나는 대로' 적는 원리는 '지그시'와 '지긋이'에도 동일하게 적용됩니다. 이 두 단어는 '지긋하다'라는 단어와 의미상 연관이 있습니다. 표기에 주목한다면 '지긋이'의 의미가 '지긋하다'의 의미와 같겠네요. 이 단어들 역시 부사와 형용사라는 점은 다르지만 '나이가 비교적 많아 듬직함'을 가리키거나 '참을성 있게 버팀'의 의미라는 점은 같습니다.

- 수강생 중에는 나이가 지긋이 든 사람도 보인다.
- 수강생 중에는 나이가 지긋한 사람도 보인다.
- 그는 시끄러운 상황을 지긋이 지켜보고 있었다.
- 그는 시끄러운 상황을 지긋하게 지켜보고 있었다.

'지긋이'에는 '지긋하다'와 동일한 원래 의미가 살아 있기 때문에 '지긋'에 부사를 만드는 접미사 '-이'가 결합한 것으로 파악하여 '지긋'의 원형을 밝혀 적는 것이지요.

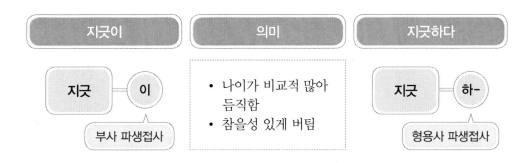

이들 단어들과 달리 소리 나는 대로 '지그시'로 표기해야 하는 단어도 있어요. 이 단어가 원래의 의미에서 멀어졌으리라 짐작되시지요?

- 세월이 그를 지그시 밟고 지나갔다.
- 그녀는 눈을 지그시 감았다.
- 그는 입술을 지그시 깨물었다.

이 단어에는 '살며시, 조용히'라는 새로운 의미가 덧붙여졌답니다. 위에서 보았던 '나이가 지긋한'이라는 의미와는 상당히 멀어졌다는 것을 확인할 수 있지요. 그래서 원형을 밝히지 않고 소리 나는 대로 표기하도록 지정한 거예요.

바치다 vs 받치다
받히다 vs 밭치다

비슷하게 발음되는 단어가 넷이나 되네요. 머리 아프다고 미리 포기하진 마세요. 이미 제대로 구분하고 사용하는 단어들이 있으니까요. 제일 쉬운 것부터 익히는 방식을 활용해 보기로 해요. 먼저 '바치다'부터 볼까요?

• 나라를 위해 목숨을 바쳤다.

대표적으로 '바치다'를 사용하는 문장이에요. 이 '바치다'라는 단어와 바꾸어 쓸 수 있는 단어들을 떠올려 보세요. '바치다'는 일단 '주다'와 의미가 통합니다. '남이 무엇을 갖도록 한다'는 의미에서요. 하지만 의미 차이가 좀 나네요. '주다'보다 '바치다'에 좀 더 거룩하고 숭고한 의미가 들어 있는 것으로 느껴지잖아요. 그래서 '주다'의 높임말인 '드리다'와 보다 가깝습니다. '윗사람에게 물건을 드리다'든지 '무엇을 위하여 모든 것을 아낌없이 내놓거나 쓴다'는 의미이거든요. 아주 좁은 범위에서 쓰이는 말이니까 그 범위를 기억하는 것이 중요해요.

이제 다른 단어를 볼까요? '받치다'와 '받히다'를 함께 보기로 해요. 왜 이 단어를 함께 봐야 할까요? '받-' 때문이겠지요. 이 둘은 '받다'라는 단어와 의미가 가깝습니다. '받다'는 크게 두 가지 의미로 구별할 수 있어요. 먼저 누군가가 주는 것을 받는 것이죠. 두 번째는 '들이받다' 할 때의 '받다'로 '세게 부딪치다'의 의미입니다. 그러면 이 두 가지 의미를 중심으로 '받치다'와 '받히다'를 살피기로 해요. 역시 예문을 보면서 생각하는 것이 좋겠지요.

- 쇠뿔에 <u>받혔다</u>.
- 자동차에 <u>받혔다</u>.

'받히다'는 '받음을 당하다'는 말입니다. 내가 스스로 벽을 자동차로 치면 '벽을 받았다'가 되는 것이고요. 내가 가만히 있는데 누군가가 와서 받으면 '받히다'가 되는 거지요. 그래서 '받히다'에 '당하다'의 의미가 들었다는 점만 기억하시면 됩니다. 이 '-히-'가 '피동' 즉 남에게 어떤 일을 당함이라는 뜻이 들어 있거든요. 반면 '받치다'에는 '당하다'의 의미가 들어 있지 않아요. 아래 예문에서처럼 '밑에 무엇을 대다', '지탱하다'의 의미를 갖고 있답니다.

- 우산을 받치고 간다.
- 책받침을 받친다.

마지막 단어인 '밭치다'라는 말은 요새는 거의 쓰지 않는 말입니다. 이 말 대신에 '거르다', '여과하다'는 말을 더 많이 쓰지요. 이 두 말을 들으니 '밭치다'가 무슨 뜻인지 아시겠지요. 액체와 고체를 나누기 위한 행동이지요. 옛날에는 흔히 쓰였던 문장을 하나 보세요.

- 술을 체에 밭친다.
  = 술을 체에 거른다.
  = 술을 체에 여과한다.

'거른다'나 '여과한다'는 말을 써야 할 때가 있으시면 가끔은 '밭친다'는 말을 써 보세요. 말이라는 것은 사람들이 자주 사용하지 않으면 곧 사라질 수도 있으니까요.

맞추다 vs 맞히다

시험을 보든 질문을 받든 답을 내고
난 후에 내 답이 맞았는지 틀렸는지가 항상 궁금합니다. 그러고는
이 경우에 '내가 답을 맞췄다*'라고 해야 할지 '내가 답을 맞혔다'
라고 해야 할지 아리송하지요. 예문을 볼까요?

- 모의시험의 답을 맞췄다.
- 모의시험의 답을 맞혔다.

위의 두 문장은 모두 맞춤법에 맞는 말입니다. 어떤 분은 '맞히
다'만 맞고 '맞추다'는 틀렸다고 할 수 있어요. 그분의 의견도 틀리
지는 않습니다. 일반적으로는 '맞히다'가 맞으니까요. 하지만 어떤

상황에서는 '맞추다'인 경우도 있습니다. 그 상황이라는 것이 무엇인지 짚어 보기로 하지요. 두 단어 모두 '맞다'와 관련이 있으므로 '맞다'라는 단어부터 보기로 해요.

- 내 답이 모두 맞았다.
- 내 예감이 맞았다.
- 그 말이 맞다.

여기서 '맞다'라는 단어는 '틀림이 없다'나 '올바르다'의 의미를 가집니다. 이와는 다른 의미의 '맞다'도 있다고요? 좋아요. 아래의 문장을 보세요.

- 영민이는 손님을 반갑게 맞았다.

이 단어는 '사람이나 물건을 예의로 받아들이다'라는 의미로 '틀림이 없다', '올바르다'의 의미와는 다른 단어로 취급됩니다. 우리는 여기서 '틀림이 없다', '올바르다'의 의미의 '맞다'에 주목하고 있는 거예요. 그러니 '손님을 맞다'는 여기서 논의하지 않아도 되겠지요. 그러면 먼저 '맞히다'와 '맞다'의 관계를 볼까요?

- 그 질문의 답이 맞았다.
- 그 질문의 답을 맞혔다.

➡ 그 질문의 답이 <u>맞게 했다</u>.

'맞다'와 '맞히다'의 관계는 '주동과 사동'의 관계입니다. 여기서 사동이란 '~게 하다'의 의미를 갖는 말입니다. 사동을 '－이－'로, 피동을 '－히－'로 기억하는 분은 이 지점에서 혼동될 수 있어요. 이런 분은 '먹다 － 먹이다(사동)－ 먹히다(피동)'로 외운 분입니다. 하지만 사동을 표시하기 위한 것에는 '이' 이외에도 '－히, 리, 기, 우, 구－' 등 생각보다 많습니다. 그러니 원래 동사와 '~게 하다'의 관계에 있는지를 확인하여 피동인지 사동인지 구분하는 습관을 들이는 것이 더 좋습니다.

그렇다면 '맞추다'는 어떤 의미일까요? 이 단어는 어떻게 쓰이는지 볼까요?

- 양복을 <u>맞춘다</u>.
- 입을 <u>맞춘다</u>.
- 나사를 <u>맞춘다</u>.
- 줄을 <u>맞춘다</u>.

이 '맞추다'라는 단어가 제대로 쓰이려면 두 개 이상의 사물이 필요합니다. '양복을 맞춘다'는 것은 양복의 크기와 사람의 크기를 같게 만드는 것이고요. '입을 맞추다' 역시 두 개의 입이 필요합

74

니다. '나사'나 '줄' 역시 맞추려면 두 개의 대상이 필요하지요. 그 이유는 '맞추다'라는 단어의 의미에 이미 서로 다른 두 가지의 대상이 필요하다는 사항이 들어 있기 때문이에요. 이 단어의 의미는 '서로 떨어져 있는 부분을 제자리에 맞게 대어 붙이다'나 '둘 이상의 일정한 대상들을 나란히 놓고 비교하여 살피다'의 의미를 가지거든요. 이 점이 '맞히다'와 구별되는 중요한 지점이지요. 그렇다면 우리가 맨 처음에 보았던 문장이 맞는 상황을 확인해 볼까요?

- 모의시험의 답을 맞췄다.

답이 맞았는지 틀렸는지에 대한 말이라면 이 문장은 잘못 쓴 거예요. 하지만 아래 그림의 경우를 말하는 것이라면 이 문장의 표기는 맞습니다.

시험이 끝나고 답안지를 받아서 답안지와 자신의 시험지를 비교하는 경우가 있잖아요. 이때는 '답안지'와 '채점 대상이 되는 시험지'라는 두 개의 사물이 있고 이들을 견주는 것이잖아요. 당연히 올바른 문장이 되는 것이지요. 물론 시험과 관련해서는 '맞히다'라는 말이 올바른 경우가 훨씬 많습니다. 하지만 언제든 제3의 경우가 있을 수 있다는 점도 기억할 필요가 있어요. 예외 없는 규칙은 없다는 거, 아시지요?

비치다 vs 비추다

'비치다'와 '비추다'는 모양도 발음도 비슷하지만 의미상으로는 차이가 나는 단어입니다. 구체적으로 무엇이 다를까요?

- 번쩍이는 번갯불에 그의 늠름한 모습이 ① 비치었다.
- 번쩍이는 번갯불이 그의 늠름한 모습을 ② 비추었다.

'비치다'는 '빛이 나서 환하게 되다'나 '모양이 나타나 보이다'를 의미하는 단어입니다. ①에서 '그의 모습이 나타나 보이다'의 의미로 사용된 것을 확인할 수 있지요. 반면 ②의 의미에는 '그의 모습이 비치게 하다'라는 의미로 쓰였어요. 즉, '비추다'에는 사동의 의미가 들어 있어요. 그래서 ②번의 '비추다'는 빛을 가지거나 낼 수 있는 물체가 문장 속의 다른 대상이 '비치게 하는' 의미로 사용되는 것이지요.

- 햇빛에 필름을 비추어 보았다.
    ↳ 필름이 비치게 하여
- 엑스선에 가슴을 비추었다.
    ↳ 가슴이 비치게 하였다.
- 거울에 얼굴을 비추었다.
    ↳ 얼굴이 비치게 하였다.

매일 자기 얼굴을 **비추어** 보는 게 지겹지도 않은가?

거울 속에 **비친** 내 모습이 참 아름답구나~

직접적으로 '빛이나 모양'과 관련되지 않는 상황에 사용되는 '비추다'도 있습니다. 이 경우에는 ②번 '비추다'의 비유적 의미가 확대된 것이라 할 수 있어요. 여러분에게도 익숙할 예문들을 보지요.

- 내 경험에 <u>비추어</u> 볼 때 이 사업은 성공하기가 어렵다.
- 상식에 <u>비춰</u> 보면 네 행동은 지나친 감이 있다.
- 내 경험에 <u>비추어</u> 생각하면 이것은 거짓일 가능성이 높다.

이들 '비추다'는 원래는 '비치게 하면'으로부터 온 것일 가능성이 높아요. 예를 들어 '사업을 경험에 비치게 하면(밝혀 보면)'과 같은 비유가 쓰였겠지요. 그런데 이 비유가 많이 활용되면서 오늘날의 의미로 굳어진 것입니다. 그래서 지금은 '어떤 것과 관련하여 견주어 보다'라는 의미로 쓰인답니다.

로서 vs 로써

문서를 작성할 때 흔히 틀리는 맞춤법 사례 중 하나입니다. 둘 모두 조사로 국어에서는 하나의 단어로 취급되는 말입니다. 이 두 단어를 구별하기 어려운 이유 중 하나는 일상생활에서 이 단어를 쓰는 일은 거의 없다는 점입니다. 특히 '로서'를 자주 사용하는 사람은 진부한 사람처럼 느껴질 수도 있어요. 그런데 문서 속에서는 이 두 단어를 사용해야 하는 일이 은근히 많습니다. 두 조사의 일반적인 의미부터 짚으면서 그 차이를 확인해 보기로 하지요.

먼저 '로서'는 자격이나 지위를 나타내는 격조사예요. 격조사라는 말은 자격을 주는 조사입니다. 영어 'as'의 의미를 갖는다 생각하시면 됩니다. '로써' 역시 격조사인데요. 이 조사는 앞의 말이 수단이나 도구임을 나타내 준답니다. 역시 영어의 전치사로 바꾸어 보면 'by'로 해석되지요. 앞말과 뒷말의 관계가 자격(as)인지, 수단이나 도구(by)인지를 확인하는 것만으로도 맞춤법에 맞는 표현을 할 수 있답니다.

문제는 이 조사 앞에 하나 이상의 단어가 올 때 어떤 말이 맞는지 구별하기 어려운 경우가 발생합니다. 실제 문서에서는 조사 앞의 말이 길어지는 경우가 많거든요. 연습을 통해 익숙해지도록 하세요.

① 사안을 신중하게 살핌으(   ) 문제를 미연에 방지했다.
② 소중한 역사적 사료(   )의 풍속화의 가치를 밝혀야 한다.

①은 '사안을 신중하게 살핀 것'을 통해 문제를 방지할 수 있었다는 점을 확인하면 '로써'를 넣을 수 있을 거예요. 이 문장의 구조는 아래와 같아서 '로써'의 앞부분이 서술어를 수식하는 역할을 합니다.

사안을 신중하게 살핌 **으로써**   문제를 미연에 방지했다.
수단

반면 ②는 소중한 역사적 사료와 풍속화의 가치가 같은 값을 가지는 동격의 역할을 합니다.

소중한 역사적 사료 **로서의** 풍속화의 가치 를 밝혀야 한다.

동격

이 두 문장의 구조를 익히면 복잡한 어구 뒤에 오는 '로써/로서'
도 구분할 수 있을 것입니다.

12

채 vs 체

한 음절로 되어 있는 단어들을 구분하는 일은 제법 어렵습니다. 여기서 음절이란 소리를 낼 수 있는 가장 작은 단위로 우리말의 한 글자라고 생각하시면 됩니다. '채, 채, 체'와 같은 말이지요. 이런 단어들은 각각의 단어와 비슷한 말로 기억해 두었다가 바꾸어 보면 혼동을 줄일 수 있습니다. 먼저 아래 예문을 보고 각각의 단어들의 뜻이 구분되는지를 확인해 보세요.

- 말이 ① 채 끝나기도 전에 그가 소리를 질렀다.
- 열다섯이 ② 채 될까 말까 한 소녀였다.
- 옷을 입은 ③ 채로 물에 들어갔다.

- 노루를 산 ④ 채로 잡았다.
- 그는 나를 보고도 못 본 ⑤ 체 고개를 돌렸다.
- 알지도 못하면서 아는 ⑥ 체는 왜 하니?

위 문장 중 ①, ②와 나머지 ③~⑥의 차이가 느껴지시나요? ①, ②는 모두 동사나 형용사를 꾸미고 있지요. 즉, 부사라는 말입니다. ①, ②는 '아직 다 이르지 못한 상태'라는 의미를 갖는 말로 주로 서술어 앞에 놓이는 단어입니다. '아직'이나 '미처'와 바꾸어 쓰면 의미가 통합니다.

반면 ③과 ④는 ①, ②와 동일한 모양이지만 뜻과 기능은 전혀 다릅니다. 먼저 이 '채'는 항상 앞에 꾸미는 말을 필요로 합니다. 그리고 조사와 어울려 쓰입니다. 조사를 통해 자격을 얻는다는 점에서 이 단어는 '명사'인데 앞에 항상 꾸미는 말이 필요하니 '의존명사'입니다. 국어의 의존명사는 맞춤법을 어렵게 만드는 주범입니다. 하지만 이 말을 거꾸로 하면 의존명사를 제대로 익히면 맞춤법을 쉽게 이해할 수 있다는 말이 되기도 해요. 의존명사 ③, ④는 '상태'라는 말로 바꾸어 보면 의미가 그대로 통합니다.

⑤번과 ⑥번 역시 의존명사이기 때문에 기능면에서는 ③, ④와 유사합니다. 발음이 비슷해 흔히 혼동되어 쓰이기도 하지요. 하지만 의미는 전혀 다릅니다. 이 단어는 '그럴 듯하게 꾸미는 거짓 태도나 모양'이라는 의미를 가집니다. 역시 '시늉'이나 '척'으로 바꾸어 보면 의미를 명확히 할 수 있답니다.

📍 의존 명사가 아닌 '채'와 '체'

- 달리는 말에 <u>채</u>를 친다.   : 채찍
- 밤을 얇게 <u>채</u>를 쳐 고명으로 얹는다.   : 얇게 써는 것
- 술 익자 <u>체</u> 장수 지나간다.   : 거르는 도구

📍 금새/금세

- 그녀는 화해를 하고도 금세 토라진다.

　이 말을 '금새*'로 적는 분들이 많습니다. 왜 그럴까요? '요새'를 생각해 보세요. 이 말이 '요사이'의 준말이잖아요. 그래서 '금사이'의 준말이니 '금새*'로 생각하시는 모양이에요. 문제는 '사이'의 준말이 '새'인 것은 좋은데 '금사이'는 뭔지 알 수가 없다는 점이지요. 사실 '금세'는 '금시今時에'의 준말이랍니다. '금세'나 '금새*' 역시 발음으로는 구분이 되지 않으니 혼동될 만해요. 하지만 비슷하다고 이상한 어원에 속아 넘어가시면 안 되겠지요. '금시'든 '금세'든 많이 쓰지 않게 되면 이러한 오해들이 자꾸 늘어나게 될 거예요. 틈틈이 사용하시어 이런 오해들을 막아내 주세요.

-든지 vs -던지

문서에서 흔히 발견되는 오류가 '하든지'와 '하던지' 사이의 혼동입니다. 여러분은 문법을 공부할 때 흔히 품사나 단어와 관련된 것들을 주목합니다. 그런데 이 둘은 모두 품사가 아니기 때문에 소홀하게 여기기 쉽습니다. 하지만 한국어의 문법을 공부할 때는 오히려 '어미'나 '조사'에 주목해야 합니다. 국어는 어미와 조사가 발달한 언어이니까요. '하든지/하던지'에서 '하다'의 역할을 달라지게 하는 것은 어미인 '든지'나 '던지'입니다. 그러니 문장을 제대로 표현하기 위해서는 이 둘을 제대로 잘 이해해야 한답니다.

먼저 '–든지'가 '선택될 수 있음'을 나타내는 어미라는 점에 주목하세요. 이는 어떤 것이 선택되어도 뒤에 나오는 내용이 나타날 수 있는 상황에서 사용됩니다.

- 네가 어떤 것을 선택하든지 결과는 달라지지 않는다.
- 네가 이것을 하든지 저것을 하든지 결과는 달라지지 않는다.

위의 두 문장에 쓰인 '−든지'는 모두 선택의 상황이 제시된 문장입니다. 이때 '지'를 생략하고 사용할 수도 있습니다. 간단하죠? 반면에 '−던지'는 좀 더 복잡한 설명이 필요합니다. 일단 이 어미는 하나로 이루어진 것이 아니거든요. 게다가 분리되는 부분이 각각의 문법적 의미를 가집니다. '−던지'가 어떻게 구성되어 있는지 나누어 살펴볼까요? 먼저 예문을 함께 봅시다.

- 그 집에서 누가 <u>살았던지</u> 기억납니까 ?

살	았	더	ㄴ지
살−	과거	회상	막연한 의문

여기서 '−던지'는 '−더−'라는 부분과 '−ㄴ지'라는 부분으로 나뉠 수 있습니다. 'ㄴ지'는 확신 없이 막연한 의문을 품은 상태를 뒤의 문장과 연결시켜 주는 어미입니다. '−더−'는 과거의 사실을 현재로 옮겨 표현한다하여 '회상 시제'라고 불리는 어미입니다. 그

러니 '-던지/든지'을 제대로 사용하려면 여러분이 쓰려는 문장이 '선택'과 관련된 것인지 '과거의 일을 회상'하는 것인지를 확인하는 작업을 거쳐야 합니다.

> 📍 **회상 시제 '-더-'가 결합된 형태들**
>
> '-더구나, -더구려, -더구먼, -더군, -더냐, -더니, -더니라, -더니만, -더라, -더라면, -던, -던가, -던걸, -던고, -던데, -던들'

바라다 vs 바래다

• 나의 바램은 우리가 행복한 삶을 누리는 것이다.

위 문장에서 맞춤법에 어긋난 부분이 눈에 띄시나요? 금방 확인할 수 있다면 맞춤법에 관심이 많은 분이군요. '바램'을 '바람'으로 수정할 수 있다는 말이니까요. 그렇다면 이제 이 말이 자주 혼동되어 쓰이는 이유가 무엇인지를 배울 차례가 되었네요. 먼저 기본형을 잡아 보세요. '바라다'입니다. 소망이나 희망을 나타낼 때 쓰는 동사이지요. '바라다'의 명사이니까 '바람'이 표준어이고 이를 그대로 적는 것이 맞춤법에 맞습니다.

그런데 이 단어를 '바램'으로 발음하는 분들이 의외로 많습니다. 그 이유는 명확히 밝혀져 있지 않지만 국어에는 'ㅏ'가 'ㅐ'로 소리

나는 경우가 심심치 않게 많이 발견됩니다. 맞춤법에서는 이런 발음을 오류로 규정하고 '바람'으로 발음하도록 권장하고 있습니다. 국어에는 '바래다'라는 다른 단어가 있기 때문이지요.

- 오래 입은 셔츠가 흐릿하게 색이 바랬다.

이 단어는 색 따위가 날아가서 옅어지다는 의미로 흔히 사용하는 말입니다. 누군가가 소망이라는 의미로 '바램'을 사용한다면, 색이 바라다의 의미의 명사형으로 오인될 수도 있다는 것입니다. 때문에 명확한 의미 전달을 하려면 소망이라는 의미의 단어는 '바람'을, 색이 날아간다는 의미의 단어는 '바램'을 사용해야만 하는 것이지요.

위에서 설명한 것 이외에 전혀 다른 의미의 '바래다'가 있습니다. '그녀는 어머니를 역까지 바래다 드렸다'처럼 '배웅'의 의미로 쓰이는 말입니다. 이 단어는 배웅 외에 다른 용법으로 사용되지 않기 때문에 헷갈릴 염려가 없습니다.

> 📍 **이유 있는 'ㅏ → ㅐ'**
>
> 바라다-바래다 관계와 다르게 뒤에 이어지는 'ㅣ' 모음 때문에 앞말의 'ㅏ, ㅓ'가 'ㅐ, ㅔ'로 소리 나는 단어들이 있습니다.

지팡이 → 지팽이, 아지랑이 → 아지랭이

맞춤법에서는 이들을 올바른 표기로 인정하지 않는답니다. 다만 아래의 단어들은 표준어로 인정합니다.

서울내기, 시골내기, 풋내기, 냄비, 동댕이치다, 멋쟁이, 소금쟁이, 담쟁이, 골목쟁이, 발목쟁이

안치다 vs 앉히다

'밥을 안치다'가 맞을까요? '밥을 앉히다'가 맞을까요? 그 답을 찾기 위해 밥을 안친다는 것이 어떤 행동인가를 먼저 생각해 보지요. 쌀을 씻고 난 후에 밥이 될 수 있는 만큼의 물을 붓고 불을 켜기 전까지의 과정을 가리키지요. 그렇다면 다른 '앉히다'를 포함한 문장을 떠올려 보세요.

• 선생님께서 눈이 나쁜 영수를 앞줄에 <u>앉히셨다.</u>

이 문장에서 '앉히다'는 어떤 의미인가요? '(영수가) 앉게 했다'는 의미이지요. 현대 국어에서 '앉히다'는 '앉다'의 사동형으로 '앉게 하다'의 의미를 갖습니다. 이 단어 속의 '-히-'가 '-게 하-'의 의

92

미를 갖도록 한 것이지요. 그렇다면 이 '앉게 하다'의 의미와 앞서 보았던 '밥을 안치다'의 차이를 생각해 보세요.

'안치다'는 단어도 먼 옛날에는 '앉다'와 관련된 말이었다고 합니다. 그러나 이 단어가 특정 영역에 한정되어 쓰이면서 원래의 의미에서 멀어지게 된 것이지요. 그래서 지금은 '끓이거나 찔 물건을 솥이나 시루에 넣다'는 뜻으로 쓰인답니다. 원래의 의미에서 멀어져서 그 관계가 약해졌을 때는 변화한 모습을 그대로 표준어로 인정하는 것이지요. 그래서 오늘날 '안치다'는 주로 아래의 예들로 쓰입니다. 용례를 기억해 두는 것도 좋겠지요.

- 솥에 고구마를 안쳤다.
- 냄비에 쌀을 안쳤다.
- 옹시루에 떡을 안쳤다.

그렇다면 '주저안치다'가 맞는 표현일까요? '주저앉히다'가 맞는 걸까요? '앉게 하다'와의 의미적 연관성이 느껴지시지요? 맞습니다. '주저앉다'의 사동형이므로 '주저앉히다'가 맞춤법에 맞는 표기랍니다.

> ### 📍 이런 쓰임도 있다고요
>
> • 눈앞에 안친 일이 많아 어찌할 바를 모르겠다.
> • 언덕에 오르니 전경이 눈에 안쳐 왔다.
>
> '안치다'는 '어려운 일이 닥치다, 앞으로 몰려들다'의 의미로 쓰이는 말입니다. 일상에서는 거의 사용하지 않는 말입니다만 안 쓰면 사라지니까 한번쯤 시도해 보는 것도 좋을 거예요.

늘이다 vs 늘리다

'늘이다'와 '늘리다'의 구분은 까다롭습니다. 먼저 아래 괄호 속에 알맞은 표현을 적어 보세요.

1. 쉬는 시간을 (   )

2. 치마 길이를 (   )

3. 고무줄을 (   )

4. 엿가락을 (   )

5. 세력을 (   )

6. 학생 수를 (   )

7. 재산을 (   )

8. 실력을 (   )

　어때요. 많이 헷갈리시죠? 그런데 위의 연습을 통해 확인한 사안
들을 유형화하면 두 단어의 구별 방법을 알 수 있습니다. 가장 쉬
운 구별법은 '늘이다'가 정해져 있는 길이에서 잡아당겨 더 길어지
게 한다는 의미로 쓰인다는 점입니다.

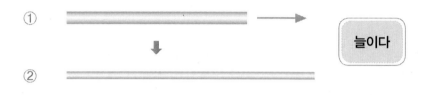

　위 그림처럼 '늘이다'라는 단어는 '엿가락', '고무줄' 등 늘어지
는 사물이나 주로 선과 관련하여 쓰인다고 알려져 있습니다. 반면
'늘리다'는 이보다 더 넓은 의미역을 가집니다.

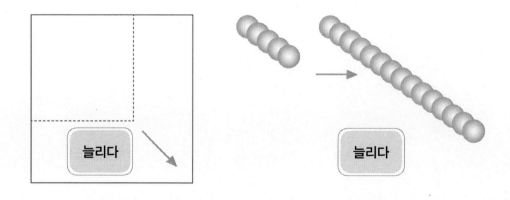

앞의 그림처럼 넓이나 폭을 크게 하거나 양을 많아지게 하는 것도 '늘리다'라는 단어를 사용해 표현합니다. 시간을 연장하거나 양을 증식할 때, 기운이나 세력, 힘 따위가 커질 때도 이 단어가 사용될 수 있지요. 즉 '늘리다'라는 단어의 사용 영역이 훨씬 더 넓고 일반적이지요.

야위다 vs 여위다 vs 여의다

'여위다'와 '야위다'는 같은 의미의 말입니다. 둘 다 몸에 살이 빠져 파리하게 된다는 뜻으로 쓰이지요. 둘의 차이는 '야위다'가 '여위다'보다 느낌이 작은 말이라는 점입니다. 국어에는 이렇게 모음의 차이만으로 작은 말과 큰 말의 관계를 이루는 말이 많아요. 촉촉하다/축축하다처럼요. 이 단어 역시 그중의 하나로 '야위다'에는 '조금'이라는 느낌이 들어 있을 뿐 두 단어 모두 '수척하다, 파리하다'의 의미를 가졌습니다.

- 한동안 못 보았더니 몰라보게 여위었네.
- 한동안 못 보았더니 조금 야위었네.

그런데 '여위다'나 '야위다'가 '여의다'와 혼동되어 쓰이는 경우가 많더라고요. 이들 단어의 생김새가 '여의다'와 비슷한 탓이겠지요. 그러나 '여의다'는 의미가 전혀 다른 단어입니다. '여의다'라는 단어는 부모나 사랑하는 사람이 죽어서 이별하였다는 의미입니다. '여의다'를 위에 든 '야위다'나 '여위다'와 바꾸어 보고 의미가 얼마나 달라지는지를 느껴 보세요. 이때 '여의다'라는 단어가 갖고 있는 또 다른 의미도 함께 살펴봅시다.

- 일찍이 부모를 ① 여의고 자수성가한 사람이래.
- 딸 셋 ② 여의면 기둥뿌리가 팬다.
- 딸 삼형제를 ③ 시집보내면 좀도둑도 안 든다.

위 문장 중 ①번은 앞서 말했던 '부모가 죽어 이별하다'의 의미를 가졌으니 별 어려움이 없으실 거예요. 그런데 속담인 ②번의 '여의다'는 딸이 죽었다는 의미인가요? 그래요. 여기서 여의다는 '딸을 출가 시킨다'는 의미이지요. 옛날이든 지금이든 자녀를 결혼시키는 데 돈이 많이 들었다는 것을 보여 주는 속담이니까요. 출가시키다라는 의미의 '여의다'는 세월이 지나면서 점점 사라지고 있어서 젊은 사람들에게는 낯설 수 있습니다. 상견례와 같은 중요한 자리에서 큰 실수를 저지를 수 있으니 이번 기회에 꼭 기억해 두세요.

띠다 vs 띠다
띠우다 vs 띄우다

우리말의 띄어쓰기는 어렵지요? 이 질문 속에도 어려운 맞춤법이 숨어 있습니다. 앞의 질문을 적을 때 '띠어쓰기, 띄어쓰기, 띄여쓰기, 띄워쓰기' 중 어떤 것이 맞는 말인지 헷갈리진 않나요? '띄어쓰기'가 맞는 표현입니다. 그럼 이 말에 포함되어 있는 '띄다'라는 단어는 어떤 말일까요? '띠다'와는 어떻게 다를까요? '띠우다'나 '띄우다'와 같은 단어도 있는 걸까요?

'띠다'는 '나타나다, 지니다, 가지다'의 의미로 쓰이는 동사입니다. 아래와 같이 쓰이는 말이지요.

- 중대한 임무를 띠다.
- 붉은빛을 띤 노을

• 노기를 띤 얼굴

그런데 이 '띠다'라는 말과 '띄다'라는 말의 소리가 비슷하기 때문에 두 단어가 혼동되는 일이 종종 생깁니다. '띄다'는 '뜨이다'의 준말로 '띠다'의 피동형입니다. 피동은 '~어지다', '를 당하다'의 의미로 영어의 수동태라 생각하면 됩니다.

• 눈에 뜨이다.　➡ 띄다: 원고에 가끔 오자가 눈에 띈다.
• 간격이 뜨이다.　➡ 띄다: 그 단어들은 띄어 적어야 한다.

한편 '띄우다'는 '뜨다'의 사동사입니다. 사동사는 '~게 하다'의 의미로 해석되는 것 아시지요? 이들 사동사는 앞서 본 피동사들과는 다르게 목적어를 확인할 수 있습니다. 목적어로 하여금 '~게 하다'의 의미로 해석되는 것이지요. '띄우다'가 사용된 문장들을 보면 모두 목적어를 갖고 있지요.

• 새해에는 선생님께 연하장을 <u>띄워야겠다</u>.
• 수정과에 잣을 <u>띄우면</u> 더 고소한 맛이 난다.
• 잘 <u>띄운</u> 메주를 사용하여야 장이 맛이 있다.
• 의자를 좀 더 <u>띄워</u> 여유 있게 앉으세요.

그렇다면 '띠우다'는 '띠다'라는 단어의 사동사이고 역시 목적어를 가질 때 사용된다는 것을 예측하실 수 있으시겠네요. 이 단어는 일상에서는 흔히 쓰이지 않지만 소설 등에서는 제법 발견되는 단어랍니다.

- 치자는 음료에 분홍빛을 <u>띠우는</u> 역할을 한다.

📍 **'뜨다'의 여러 가지 의미**

- 눈을 뜨다. :'감다'의 반대말
- 사이가 뜨다. :'붙다'의 반대말
- 자리를 뜨다. :'떠나다'의 의미
- 메주가 허옇게 뜨다. :'발효하다'의 의미
- 배가 물에 뜨다. :'가라앉다'의 반대말

19

네 vs 예

오늘 넘길 서류는 다 처리하셨나요?

• 네, 모두 처리했습니다.
• 예, 모두 처리했습니다.

    일상에서는 '네'라고 말하는지 '예'라고 말하는지도 거의 의식하지 못하고 지내왔을 거예요. 그런데 이를 표기할 기회가 생기면 난감해집니다. '예'인지, '네'인지 심지어는 '네*'가 아닐까 하는 생각이 들기도 할 거예요. 이미 눈치 채신 대로 '네'와 '예'가 모두 표준어이고 그대로 적는 것이 맞습니다. 두 가지를 모두 표준어로 인정하는 것을 복수 표준어라고 하는데요. 복수 표준어로 인정하는 데는 나름의 이유가 있습니다. 그 이유들을 이해하면 표준어에 대해 좀 더 너그러워질 수 있어요. 왜냐? 그 이유들이 갖는 타당성을 인정하게 될 수도 있고요. 그렇게 규정할 수밖에 없는 사정이라는 것을 이해할 수도 있으니까요.

언어는 늘 변화합니다. 그리고 언어의 규범은 그 변화를 표준어 규정이나 표기에 수용할지 말지를 끊임없이 고민해야 합니다. '네'와 '예'의 복수 표준어 인정도 그런 고민의 과정에서 생긴 것으로 보입니다. 1988년 이전에는 대답하는 말은 '예'만이 표준어였습니다. 표기도 '예'만을 인정했고요. 이후에 표준어 규정이 개정되면서 '네'도 표준어의 대열에 끼어들게 된 것이지요. 이 과정을 이해하기 위해서는 두 가지 문제를 이해해야 합니다. 첫 번째는 '네'와 '예'의 이전 형태가 어디로부터 온 것인가에 대한 궁금증이고요. 두 번째는 '네'와 '예'가 나타날 수밖에 없었던 소리에 관한 규칙입니다.

먼저 이 둘의 옛 형태가 어떠했는지를 알려주는 문헌 기록은 거의 보이지 않습니다. 다만 부름에 답하는 말이 '녜'로 나타나는 방언은 있어요. 이를 통해 이 말이 옛날에 '녜'였을 가능성을 추측해볼 수 있습니다. 옛말이 '녜'였다는 것이 우리에게 왜 중요한 것일까요? 혹시 두음법칙으로 우리말 단어의 첫소리에 오지 못하는 소리가 무엇인지 아시나요? 'ㄹ'과 'ㄴ'입니다. 그런데 옛날에는 'ㄹ'이나 'ㄴ'으로 시작하는 단어들이 오늘날보다 많았답니다. 지금도 북한말에는 'ㄹ'이나 'ㄴ'으로 시작하는 단어들을 꽤 볼 수 있어요.

그것보다 더 많은 'ㄴ, ㄹ'로 시작되는 말이 옛날 문헌 속이 나오지요. 그러다 오늘날 'ㄴ'으로 시작되는 단어들이 대부분 사라졌습니다.

'네'의 경우도 그런 예 중 하나입니다. 1988년 이전 맞춤법에서 '예'만을 표준어로 인정한 것은 이런 사정 때문입니다. 그런데 어떤 이유로 '네'까지도 표준어로 인정하게 된 것일까요. 다시 두음법칙을 볼까요. 단어가 'ㄴ'으로 시작되는 것을 꺼리는 현상이라고 이 규칙을 이해하면 복잡한 문제가 생깁니다. 사실 현대 국어에도 'ㄴ'으로 시작하는 단어는 아주 많습니다.

- 나라, 나무, 넘다, 남다, 네모, 넷, 놀다, 노래, 노랑, 누리, 누구, 눈, 눅눅하다, 내, 네
- 니르다(이르다)*, 니마(이마)*, 녀기다(여기다)*, 녀자(여자)*, 냥념(양념)*, 녀름(여름)*

실은 두음법칙에서 'ㄴ'을 꺼린다고 할 때 중요한 것은 환경입니다. 모음 'ㅣ, ㅑ, ㅕ, ㅛ, ㅠ, ㅖ, ㅒ' 앞에서 'ㄴ'이 오는 것을 꺼리는 것이지요. '네'와 같은 단어가 '예'가 된 것 역시 이 환경에 속하기 때문입니다. 그런데 'ㄴ'이 이런 모음과 함께 연결되는 것을 꺼리는 것이 'ㄴ'과 관련된 두음법칙의 핵심 사항입니다. 그렇다면 '네'가 이 현상을 지키는 방법은 '예'로 바뀌어 'ㄴ'을 탈락시키는 방법도 있지만 'ㄴ' 뒤의 모음 'ㅖ'를 'ㅔ'로 바꾸는 방법도 있습니다.

'네'는 그런 방식을 취한 것이지요. 실제로 서울말에서는 '네'가 훨씬 보편적으로 쓰였습니다. '네'와 '예' 모두 'ㄴ'과 관련된 두음법칙을 준수하고 의미 차이도 없으니 이 둘을 모두 표준어로 인정하게 된 것이지요.

이 어려운 설명을 이해하셨나요? 이 질문에 대해서 여러분은 '네'라고도 대답할 수 있고, '예'라고도 대답하실 수 있게 된 것이지요.

👫 품위 있는 우리말 　발음, 발음, 발음

　　누리꾼들의 언어를 대상으로 한국인들이 자주 틀리는 맞춤법이 무엇인지를 조사했다는군요. 10위 이내에 든 단어들을 보면서 왜 이런 일이 일어나는지 알아보기로 해요.

어이없다	무난하다	드러나다
어의없다 (×)	문안하다 (×)	들어나다 (×)

　　'어의없다[*]'는 그 조사에서 당당히 1위에 등극한 단어입니다. 어떤 분들은 어이없으시겠지만, 이런 현상에는 의외로 언어의 특성이 반영되어 있습니다. 여러분은 무심히 단어를 사용한다고 생각하시지만 이 단어가 어디로부터 온 것인가를 은연중에 고민한답니다. 그래서 그것이 표기로 나타나는 경우가 있어요.

　　사실 '어의없다[*]'를 쓰는 분들은 '어이없다'라는 단어가 쓰이는 맥락을 어느 정도 이해하고 있는 거예요. '어이없다'는 '일이 너무 뜻밖이어서 기가 막힐 때'를 가리키는 형용사입니다. 그것을 '어의語意[*]: 단어의 의미가 없다'와 자의적으로 연결시킨 것입니다. 이런 것을 와전이라 합니다. 사실과 전혀 다르게 전해진다는 의미이지요. 그런데도 '어의없다[*]'가 그렇게나 많이 사용된다니 그 연결이 제법 그럴 듯한 모양이에요. 실제로 '어의없다[*]'와 '어이없다'는 전혀 관계가 없는데도 실제에서는 이런 일들이 많이 벌어집니다.

'무난하다'를 '문안하다'로 적으려는 것도 비슷한 맥락에서 일어나는 일입니다. '무난하다' 속의 한자들은 한자를 잘 모르는 분들에게도 아주 익숙한 것들입니다. '무無'는 '없을 무'이고요. '난難'은 '난리' 할 때의 난으로 '어렵다'는 의미입니다. 즉 '어려움이 없다'는 뜻이지요. 이 단어를 안부나 인사를 드릴 때의 '문안問安'과 착각하고 있는 것입니다.

그렇다면 이런 문제를 어떻게 해결할 수 있을까요. 어려운 문제를 풀려면 근본을 생각하는 것이 좋다고 봅니다. 맞춤법 표기의 제 1원칙이 무엇이었나요? '표준어를 소리 나는 대로 적음'이었지요. 위의 세 단어들의 맞춤법을 제대로 지키려면 정확히 발음하는 습관이 중요합니다. 평소에 '어이없다', '무난하다' 등을 정확히 발음하고 있다면 이러한 와전이 줄어들거든요. 그리고 가끔은 그 단어가 어디서 왔는지를 짚어보는 것도 중요합니다. 다른 사람이 '어의없다*'라고 썼을 때 '어 무슨 의미지?'하고 한번 멈추어 생각하는 자세 말이지요. 이 순간이 맞춤법에 나타난 소리와 의미를 고려하는 시간이 됩니다. 이런 순간이 쌓이게 되면 '어이없다'를 '어의없다*'로 표기하는 사례가 줄어들게 됩니다.

'드러나다'의 경우에는 앞서 본 '문안하다*, 어의없다*'와는 좀 다릅니다. 이 두 단어는 '어이없다, 무난하다'를 정확하게 발음하는 것으로 해결되는 문제이지만 '드러나다'는 그대로 [드러나다]로 발음되니까요. 이 단어는 거꾸로 이것이 어디로부터 왔을까를 지나치게 고려하여 생기는 오류입니다. '드러나다'의 '드러-'가 '들어'에서 왔을 것이라는 것을 알고 이를 표기에 반영한 것이거든요. 이런 어원 의식을 갖는 것 자체는 훌륭한 자세입니다. 하지만 '드러나다'가 오늘날 어떤 의미로 쓰이는가에 대해서는 간과한 면이 있어요. '드러나다'는 이전에 보이지 않던 것이 나타난다는 의미잖아요. 이 의미가 '들다'에서 상당히 멀어진 바가 있어요. 그래서 소리 나는 대로 '드러나다'로 적도록 규정되어 있는 것입니다.

인터넷 공간을 개인적 공간이라 생각하는 분들이 대부분이라 맞춤법을 지키겠다는 의식이 다소 약화되는 경우가 많아요. 하지만 인터넷에서의 표기가 습관화되면 실제 문서에서도 나타날 가능성이 많아진다는 점은 조금 걱정스럽네요. 평소에 맞춤법의 오류를 잡아내는 훈련을 게을리하지 않는다면 언제 어디서든 당당한 글쓰기를 할 수 있을 것입니다.

3

모양이 비슷해서
헷갈리는 말

토씨 하나가
신뢰를 무너뜨린다

맞춤법을 제대로 지켜야 하는 이유는 뭘까요? 정확한 의사소통을 위해서입니다. 인간관계가 복잡해지면서 '계약서, 협약서'와 같은 공식 문서들이 많아졌어요. 이런 문서들에서는 토씨 하나가 엄청난 손해를 끼치기도 합니다. 글자의 힘을 실감할 수 있는 부분이지요.

더 중요한 것은 맞춤법을 제대로 지켜야 여러분의 생각을 남에게 정확히 전달할 수 있습니다. 의미를 정확히 알고 쓰는 것만큼이나 단어를 규범에 맞게 쓰는 것이 중요하다는 뜻이지요. 현대사회는 눈으로 정보를 읽는 활동이 이전보다 더 많아졌습니다. 규범에 맞게 쓰는 말이 정보를 읽는 사람의 눈에 더 잘 들어오게 되어 있습니다. 왜냐고요? 맞춤법을 규정하는 학자들은 한국어의 의미와 발음 사이의 관계를 연구하고 이 관계가 보다 더 긴밀해 보일 수 있게끔 표기법을 정하고 있거든요. 많은 사람이 내 의견을 받아들이기 원한다면, 일단 온 국민이 지켜야 할 규범으로 만든 '맞춤법'을 준수할 필요가 있어요. '로마에 가면 로마법을 따르라'는 말도 있잖아요. 맞춤법은 공식적으로 무엇을 전달하려는 사람들이 지켜야 하는 로마법인 셈이지요.

표준어는 '교양 있는 현대인이 두루 쓰는 말'이라 합니다. 그리고 맞춤법은 이 표준어를 소리 나는 대로 쓰거나 어법에 맞게 적은 것이고요. 그렇기에 맞춤법을 제대로 지키지 않았을 때 우리는 '교양 없어' 보일 수 있어요. 제가 이 책을 아래와 같이 쓴다고 생각해 보세요.

- 우리가 바름을 재대로 해야하는이유는 마춤버비 바름의 원리를 바녕하기 때무님니다.
➡ 우리가 발음을 제대로 해야 하는 이유는 맞춤법이 발음의 원리를 반영하기 때문입니다.

여러분은 제 책을 읽고 싶은 생각이 들까요? 신뢰가 뚝 떨어져서 이 문장의 내용이 진실인지 아닌지에 관심이 생기질 않지요? 여러분이 가진 생각을 인정받고 싶다면, 맞춤법에 맞게 표기하십시오. 그래야 더 많은 사람과 그 멋진 내용을 공유할 수 있게 됩니다.

② 왠지 vs 웬지*

'왠'과 '웬'이 혼동되는 것은 어쩌면 당연한 일이에요. 발음이 거의 같으니까요. '왜'와 '웨'의 발음이 비슷하다는 것이 믿어지지 않는 분들도 있으신가요? 문서 작업에 익숙한 분들의 반론입니다. 실제 발음으로 치면 오늘날 국어의 'ㅐ'와 'ㅔ'는 자꾸만 같은 발음이 되어가고 있습니다. '내'와 '네'가 헷갈리는 경우 많지요? 가요의 가사에서 '네' 대신에 '니'라는 말을 사용하는 이유는 이런 혼동 때문입니다. 물론 '니'는 맞춤법으로는 틀린 말입니다. 하지만 이런 일이 일어나는 것 자체는 국어에서 'ㅐ'와 'ㅔ'가 비슷해지는 변화를 반영한다는 점에서 의미를 갖는다 할 수 있어요.

'왠지'와 '웬지'의 혼동도 이 단어들 속의 'ㅐ, ㅔ' 때문에 생긴 일이에요. 이런 혼동을 어떻게 하면 막을 수 있을까요? 이때 유용한 것이 의미에 주목하는 것입니다. 먼저 '왠지'에서 여러분이 아는 말을 끄집어 내 보세요. '왜'를 뺄 수 있지요. 여기서 의미 부분인 '왜why'를 확인할 수 있어요. '왠지'는 '왜인지'의 준말이에요.

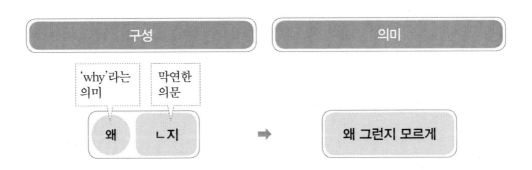

여기서 'ㄴ지'는 확실하지 않은 의문을 나타낼 때 쓰는 말이에요. '왜'와 '~ㄴ지'가 합해지면 당연히 '왜 그런지 모르게'라는 의미가 나오게 되지요.

이 단어가 만들어졌을 때는 각각의 의미가 결합되었다는 사실을 다들 알고 있었겠지요. 그런데 말이 오래 쓰이고 의미가 굳어지면 무엇과 무엇이 결합되었는지 잊히게 됩니다. 때로는 그냥 하나의 단어로 생각되기도 해요. 이처럼 하나의 단어로 인식되면 머릿속에 저장될 자격이 생깁니다. 이때 이 단어는 '왜'와의 관계 때문에 '왠지'로만 표기되지 '웬지'와 같은 표기는 나타날 수 없겠지요. '웬'에는 '왜'의 의미가 포함되어 있지 않으니까요.

그러면 '웬'은 뭘까요? '웬'은 '어찌된'의 의미를 갖는 말로 명사를 꾸며 주는 말입니다. 그래서 항상 다음과 같이 표기됩니다.

- 웬 일이니? ➡ 웬일(명사)

- 웬 떡이니?

- 웬 사람이니?

 '웬 일'이라는 어구가 많이 쓰이다가 머릿속에 저장된 것이 '웬일'이라는 명사입니다. 이 단어 역시 '웬'에서 온 것이니 '왠일'과 같은 표기는 나타날 수 없는 것이지요. '웬'에 '왜'의 의미가 없으니까요. '왜'의 의미를 갖는 경우에는 '왠지'로 표기하고 나머지는 '웬'이라고 외워 두면 편리합니다.

📍 정리

사전에 나오는 말: 왠지 ➡ 왜인지 알 수 없음을 뜻하는 부사

　　　　　　　　웬 ➡ '어찌 된'이라는 의미의 관형사

　　　　　　　　웬일 ➡ '어찌 된 일'이라는 의미의 명사

Q 내가 찾는 단어가 사전에 안 나와요.

A 사전에 나오지 않는 이유는 단어가 아니기 때문입니다.
　두 개 이상의 단어로 이루어진 '구'는 사전에 안 나옵니다. 물론
　표기법이 틀린 경우에도 마찬가지입니다.

3

되다 vs 돼다 *

　　'되'와 '돼' 역시 거의 비슷한 소리로
발음됩니다. '되다'는 국어에서 워낙 많이 쓰이는 단어이다 보니
표기 역시 고민하게 되는 경우가 잦습니다. 여기서 가장 먼저 알아
야 할 점은 국어에는 '돼다'라는 단어가 없다는 사실입니다. 그러
니 서술어에 나타나는 '돼'라는 음절은 무엇인가가 줄어서 생긴 말
이지요. 이 '돼'는 모두 '되어'가 줄어든 것이라 할 수 있어요. 공식
적인 문서에서는 준말을 사용하지 않는 것이 좋으니 '돼' 대신 '되
어'로 표기하면 보다 안전하겠지요.

　일상어가 반영되어 있는 문서나 시험 문제에서 '돼'로 표기된 것
이 옳은지 그른지를 보려면 '되어'로 바꾸었을 때 매끄러운지를 확
인하면 됩니다. 이런 훈련은 예문을 통해 연습하는 것이 좋아요. 아

래 문장들로 훈련해 보기로 해요.

- 다 ① 된 밥에 코 빠뜨리다.
- ② 될 성 부른 나무는 떡잎부터 알아본다.
- 일이 잘 ③ 돼 간다.
- 그렇게 하면 ④ 안 돼.

①이나 ②가 '되어'의 준말이 될 수는 없다는 점은 금방 아시겠지요? ③번이 '되어'의 준말이라는 점도 어렵지 않고요. 문제는 ④번입니다. 이 말을 '되어'라고 바꾸어 읽다 보면 이것이 맞는지 틀리는지 혼동될 수 있습니다. 여기서 도움이 되는 말! 국어의 동사나 형용사는 어미 없이 끝날 수 없습니다. 그래서 대표적 어미인 '-다'를 붙여서 기본형으로 기억하는 것이잖아요. 당연히 '되다'라는 단어 역시 어미 없이는 끝날 수 없습니다. 그러니 ④번처럼 문장의 마지막에 오는 '돼'는 '되어'의 준말일 수밖에 없게 되는 것이지요.

여기서 두 개 정도의 질문이 나오면 좋을 것입니다. 하나는 국어의 동사, 형용사 중에 어미가 붙지 않고도 끝날 수 있다는 문제 제기입니다. 정말 좋은 질문입니다. 그런 예들을 살펴볼까요?

- 그럼 조심해서 잘 가.
- 영수가 아무리 깨워도 안 깨.

120

이들 단어들은 '가다'와 '깨다'에서 어미 없이 '가-'나 '깨-' 단독으로 나타난 것처럼 보일 수도 있습니다. 하지만 그렇지 않아요. '가-'나 '깨-' 단독형에는 문장을 끝내는 기능이 없거든요. 위의 문장의 끝에는 문장을 종결하는 기능을 하는 '-아'가 생략되어 있는 거지요. 그렇다면 '되다' 역시 마지막 '-어'가 생략되어 나타날 수는 없는가 하는 질문이 가능하겠네요. 역시 그렇지 않습니다. 한국어에서 위의 두 문장처럼 종결어미가 생략되는 경우는 'ㅏ'로 끝나는 말이나 'ㅐ'로 끝나는 말로 한정되거든요. 그러니 문장 마지막에서 '되-'는 '돼'나 '되어'로 끝맺어야 하는 것이지요.

'되다'와 비슷한 행동을 하는 동사나 형용사에는 어떤 것들이 있을까요? 이들을 유형으로 묶어 기억하면 쉽겠지요? 이런 단어들로는 '괴다: 괘', '뵈다: 봬' 등이 있어요. 이런 단어들 역시 문장에서 '빗물이 괘 있어', '이래 봬도' 등으로 표기할 수 있습니다. 여러분이 특히 기억할 것은 아래 문장들의 표기입니다.

- 내일은 학교에 안 나와도 돼요.
- 내일 학교에서 봬요.

이 두 문장에서처럼 이 동사들의 끝에 '요'가 붙을 때에도 어미 '어'를 생략해서는 안 된다는 점을 꼭 기억하십시오. 여기서 '요'는 문장을 끝내는 기능이 아니라 높임을 나타내는 역할을 하기 때문입니다.

⚲ 안돼, 안 돼

안되다: '근심이나 병 따위로 얼굴이 많이 상하다'는 뜻의 형용사

* 장사가 안돼 걱정이다.
* 얼굴이 안돼 보여 병원으로 데려갔다.

이 이외의 뜻일 경우에는 안 되-

* 그런 일을 해서는 안 돼.

며칠 vs 몇일*

'며칠'은 왜 '몇일'이 아닐까요? 맞춤법에 제기되는 대표적 불만 중 하나입니다. 이런 불만이 나타나는 이유가 무엇일까부터 생각하는 것이 좋습니다. 원인을 알아야 풀어낼 방법도 구체적으로 만들 수 있거든요. 흔히 '몇 월 몇 일'이나 '몇월 몇일'처럼 두 단어는 짝을 이루는 것이라 생각합니다. 실제로도 그런 경우가 많고요. 하지만 '몇 월 며칠'이 올바른 말이니 참 의아하지요.

그렇다면 '몇 월'과 '며칠' 사이에는 어떤 차이가 있기에 둘을 달리 취급하려 하는 걸까요? 이 차이에 맞춤법을 정한 이유가 있지 않을까요? '몇+월'이 분명한 '몇월'을 발음해 보십시오. 여러분은 모두 이 단어를 [며뒬]로 소리 냅니다. 단어와 단어가 결합되었을 때, 한국 사람이 소리 내는 원리에 따른 것이지요. 그 원리에 대해 조금 더 알아보기로 하지요.

- 옷+이 ➡ 옷이[오시]　　옷+안 ➡ 옷안[오단]
- 꽃+이 ➡ 꽃이[꼬치]　　꽃+안 ➡ 꽃안[꼬단]

'옷'이라는 단어 뒤에 모음으로 시작하는 조사가 연결될 때 앞말의 받침이 첫 소리 위치로 이동하는 것은 자연스러운 현상입니다. 그래서 '옷+이'는 [오시]로 발음됩니다. 그런데 뒷말이 온전한 단어인 경우에 'ㅅ'은 뒷말의 첫소리로 이동할 수 없습니다. 이때 '옷'은 [온]이란 발음으로 변하고 나서야 'ㄷ'을 뒷말의 첫소리로 이동할 수 있답니다. 국어에서 단어와 모음으로 시작되는 단어가 결합되었을 때는 앞말의 받침 'ㅋ, ㅌ, ㅍ, ㅊ, ㅅ'이 뒷말의 첫자음 위치에 그대로 이동할 수가 없답니다. 'ㄱ, ㄷ, ㅂ'으로 변화된 이후에 뒷말의 첫소리로 이동할 수 있는 것입니다. 그래서 '꽃+이'는 '[꼬치]'로 소리 나지만 '꽃+안'은 [꼬찬]으로 발음되지 않고

[꼬단]으로 발음되는 것이지요.

　그러면 '몇+월'을 발음해 보세요. [며둴]로 발음되는 것이 보이시지요? 뒷말인 '월'이 온전한 단어라는 의미입니다. 그러나 '며칠'의 경우에는 [며딜]이 아니라 'ㅊ'이 그대로 이동해 [며칠]로 소리나지요. 그러니 뒷말의 '일'이 온전한 단어가 아니라 생각되는 것입니다. 그래서 온 국민이 발음하는 경향을 그대로 따라 '며칠'을 표준어로 지정한 것입니다.

　'몇 월 며칠'은 앞말과 뒷말의 짝은 어색해 보이지만 국어 발음 원리를 제대로 지킨 맞춤법인 셈이지요.

알맞은 VS 알맞는*

글쓰기를 하다 보면 '알맞은'이라고 써야 할지, '알맞는'이라 써야 할지 혼동되는 일이 흔해요.

가장 대표적인 예문을 보여 드릴게요.

• 밑줄에 알맞은 / 알맞는* 단어를 넣으시오.

이 문장은 수험생들은 흔히 보는 문장이지요. 그런데 이 '알맞은'이 단지 시험 문제에만 나오는 건 아니에요. 보고서나 기획서를 쓸 때도 자주 활용하게 되는 말이 '알맞다'이거든요. 그러다가 '알맞은'으로 쓰는 게 맞다는 것을 알게 되면 그냥 외우는 것이 일반적이에요. 원리를 모르는 채 외우는 것들은 금방 잊혀집니다. 그리

126

고 두뇌의 운용 방식에도 알맞지 않다고 알려져 있어요. 원리를 안다는 것은 관련 요소와 연결지어 생각한다는 말인데, 그렇게 기억하는 것이 두뇌의 운용 방식이에요. 두뇌의 운용 방식에 맞아야 오래 기억이 되겠지요?

그렇다면 '알맞는*'이 잘못된 표기인 이유는 무엇일까요? 맞춤법은 다른 단어와 관련지어서 그 유형을 본 후 정해진다고 했었지요. '알맞다'에 관련되는 요인이 무엇인지 짚어보기로 해요. 이 문제는 어떤 단어가 동사인지 형용사인지를 구분하는 것과 연관되어 있습니다. 동사는 동작을, 형용사는 모양이나 형태를 나타내는 품사잖아요. 그러면 동사와 형용사는 필연적으로 차이를 갖게 됩니다. 어떤 차이가 있는지 볼까요? 동사인 '웃다'와 형용사인 '좋다'로 확인하기로 해요.

- 웃는 얼굴에 침 못 뱉는다.
- 건강에 좋은 습관을 익혀야 한다.

동사와 형용사가 문장 속에서 명사를 꾸미기 위해서는 관형형 어미가 붙어야겠지요. 관형형과 같은 말이 나왔다고 스트레스 받지 마세요. 관형사는 명사를 꾸미는 품사이고, '관'이 '왕관'할 때의 '관'이라는 점에 착안하라고 말씀드렸어요. 명사의 앞머리에 붙어 모양이나 형태를 나타내는 품사라 했었지요. 문장 속에서 동사나 형용사를 관형사처럼 쓰기 위해 붙이는 어미가 '관형형 어미'에요. 위의 예에서 '가다'와 '좋다' 뒤에 붙은 '-는'과 '-은'이 대표적 관형형 어미입니다.

그런데 동사에는 '-는'이 붙고 형용사에는 '-은'이 붙었네요. 그렇습니다. 국어의 형용사에는 현재를 나타내는 관형사형 어미 '-는'이 결합될 수가 없답니다.

- 전지현은 예쁘는* 중이다.
- 그녀는 화려하는* 사람이다.

그렇다고 형용사의 관형사형에 현재를 표현할 수 없다는 의미는 아니에요.

- 전지현은 예쁜 사람이다.
- 그녀는 화려한 사람이다.

형용사는 관형사형 어미 'ㄴ'을 붙이는 것만으로 현재를 표시할 수 있어요. 이것이 동사와 형용사의 차이입니다. 형용사는 관형형 어미 'ㄴ'으로 현재를 나타내고 동사는 '는'으로 현재를 나타낸다는 점. 이것은 사실 동작은 순간을 포착할 수 있지만 형용사는 어느 정도 고정성을 가져야 한다는 본질적 특성 때문에 생긴 것이라 합니다. 그러면 관형형 어미 '-는'은 동사에만 붙는다는 사실을 외워야 하는 걸까요? 제 생각에는 아닙니다. 차라리 '좋다'라는 형용사와 '웃다'라는 동사를 꺼내서 '웃는/좋은'이라고 실험하면서 공부하는 것이 더 유용한 방법이거든요.

이제 '알맞은/알맞는*'으로 돌아가 보지요. '알맞다'는 형용사이거든요. 그러니 문장 속에서 '알맞는*'으로 나타날 수 없는 것이지요. 이제 중요한 질문이 하나 남았네요. 우리가 '알맞다'가 동사인지 형용사인지 구분할 수 없을 때는 어떻게 해야 할까요? 정말 중요한 질문입니다. 흔히 쓰지 않는 단어의 경우, 동사와 형용사를 구분하기 어려운 경우가 참으로 많거든요. 심지어 동사와 형용사로 함께 쓰이는 단어까지도 있습니다. 그러면 어쩌라는 것인가요?

동사와 형용사를 구분하는 대표적인 방법으로 진행형을 만들어 보는 것이 있습니다. 동작의 의미를 지닌 동사는 '~고 있다'나 '~는 중이다'와 같은 진행형을 만들 수 있거든요. 형용사는 이런 진행형이 어려우니까요.

- 이 단어가 밑줄에 알맞고* 있다.
- 그 방법이 이 사태의 대안으로 알맞는* 중이다.

두 문장 모두 이상한 것 아시겠지요. 이렇게 진행형으로 동사와 형용사를 구별하는 방법은 제법 유용한 것으로 알려져 있답니다.

정리해 보세요. '알맞다'는 형용사예요. 형용사들은 '-는'과 같은 관형형 어미가 붙을 수 없지요. 그러니 '알맞는*'이 아니라 '알맞은'이라고 표기하는 것이 맞습니다.

그러면 이 정리된 것을 다른 말에 적용해 볼까요? '걸맞다'라는 단어로 연습해 보세요.

- 상황에 걸맞는*/걸맞은 태도를 갖는 것이 중요하다.

'걸맞다' 역시 '알맞다'와 마찬가지의 행동을 합니다. 걸맞다는 '두 편을 견주어 볼 때 서로 어울릴 만큼 비슷하다'의 의미의 형용사이거든요. 그러니 '-는'을 붙여서 명사를 꾸밀 수가 없는 거지요. 하나를 배우면 다른 곳에 적용할 수 있다는 점. 이것이 보다 크게 맞춤법의 원리를 익혔을 때 생기는 장점의 하나랍니다.

동사와 형용사도 제대로 구별해서 사용하지 않으면 어색하답니다.

예스럽다 vs 옛스럽다*
해님 vs 햇님*

- 예스러운 분위기가 풍긴다.
- 실내장식을 예스럽게 꾸며 보았다.
- 아이에게 동화책 해님달님을 읽혔다.
- 막내딸이 해님이 예쁘게 그려졌다고 자랑한다.

위 문장에서 어색한 부분이 있으신가요? 어떤 분들은 밑줄 친 '예스러운'이 '옛스러운'으로 바뀌어야 한다고 생각할 수 있어요. 이 생각에는 '예'와 '스럽다'가 결합된 것이니까 'ㅅ'이 들어가야 한다는 것입니다. 마찬가지로 '해님'이 어색하게 느껴지실 수도 있습니다. '해'에 '님'이 결합된 것이니까 사이시옷이 들어가야 한다 생각하는 것이지요. 그래서 '옛스럽다', '햇님'과 같은 표기가 많이 나타납니다.

하지만 모두 '예스럽다', '해님'이 올바른 표기입니다. 이 표기를 이해하기 위해서는 사이시옷이 들어가는 위치가 어디인가를 알아야 합니다. 사이시옷은 두 가지 조건이 갖추어져야 들어갈 수 있습니다.

첫째는 단어를 둘로 쪼개었을 때 앞과 뒤가 모두 명사여야 합니다. 합성어에만 'ㅅ'이 삽입되는 거지요. 또 다른 조건이 있습니다. 앞말과 뒷말의 의미 관계가 '~의'로 해석되어야 합니다.

어려우시다고요. 그냥 간단히 사이시옷이 들어간 단어를 생각하세요. 일반적으로 흔히 쓰이는 말로요. '바닷가'가 있군요. 보세요. 'ㅅ'의 앞과 뒤가 바다와 가로 명사와 명사이지요. 합성어입니다. 합성어라는 말을 쓰는 것이 '명사와 명사가 결합된 단어'라 말하는 것보다 더 쉬워요. 글자 수가 훨씬 짧잖아요. 그리고 앞말과 뒷말의 의미상의 관계는 어떤가요? '바다의 가장자리'네요. 그러니 사이시옷이 결합될 수 있는 것이지요.

이 두 가지 조건을 위의 '예스럽다'와 '해님'에 적용해 보세요. 먼저 예스럽다에서 '스럽다'가 명사일 리가 없지요. 더 중요한 것은 이것이 '예스러움'이 되어도 마찬가지라는 점입니다. '스럽다'는 '접사'입니다. 다른 단어에 붙어서 단어의 품사를 바꾸어 주는 역할을 하는 것이거든요. 즉, 어근이 아니에요. 그러니 여기에 'ㅅ'이 들어가는 것이 오히려 이상한 일이랍니다.

해님을 볼까요? '해'가 명사이고 '님'도 명사인지를 확인하세요.

이 경우는 좀 더 헷갈리지요? '님의 침묵'할 때 '임'의 옛말이 '님'이니까 명사인 것 같기도 하고 아닌 것 같기도 하고. 그런 혼동이 공부의 시작이랍니다. 복잡함을 참아내는 훈련을 하고 그 고비를 넘기면 문법이 좀 더 쉬워진답니다. 그럼 다음 단계를 실험해 보기로 해요. '해님'의 앞말과 뒷말의 관계요. 어떤가요? '해의 님'인가요? 이 지점은 더 쉽게 아니라고 대답하실 수 있으실 거예요. 여기서 쓰인 님은 '해'를 높여 부르는 말이지 '해의 님'이라는 뜻이 아니잖아요. 그러고 보니 앞서 고민했던 문제도 풀렸네요. '님'도 명사가 아니라 대상을 높이기 위한 접사라는 사실을요.

'해님'이나 '예스럽다'나 모두 아래의 구성으로 되어 있는 파생어이고 파생어의 중간에는 'ㅅ'이 들어갈 수 없답니다.

📍 **오랜만에 VS 오랫만에**[*]

'오랫만에[*]'가 잘못된 표기라는 점도 사이시옷과 관련이 있어요. 동일한 원리를 적용해 보세요. 먼저 '오래'와 '만'이 각각 명사인지를 생각해 보세요. 글쎄요. 금방 모르시겠다고요. 그러면 다음의 요건을 고려해 보세요. '오래'와 '만'의 관계를 짚어 보세요. '바닷가'가 '바다의 가장자리'인 것처럼, '오랫만'이 '오래의 만에'라는 관계인가요? 그렇지 않습니다. 그러니 'ㅅ'은 사이시옷이 들어갈 자리가 아닙니다.

'오래'의 품사는 일반적으로 부사이고요. '만'이라는 단어는 국어에서 의존명사나 조사의 쓰임을 갖습니다. 그러면 '오랜만에'로 표기해야 하는 이유는 뭔가요? 사실 '오랜만에'는 '오래간만에'의 준말이에요. 준말로 더 많이 쓰이다 보니 '래' 아래의 'ㄴ'이 'ㅅ'으로부터 온 것으로 착각하게 된 거예요. 'ㄴ'을 'ㅅ'으로 착각하게 되었다는 말이 무슨 뜻인지 보실까요? 아래의 말을 발음해 보세요.

- 아랫마을 [아랜마을]

'ㅅ'은 뒤의 말이 콧소리(ㄴ,ㅁ,ㅇ)일 때 'ㄴ'으로 소리 나거든요.
오랜만에를 왜 '오랫만에*'로 쓰면 안 되는지 그 이유가 풀리셨지요.

아무튼 vs 아뭏든*
어떻든 vs 어떠튼*

　　　　　　　　　　'아무튼'과 '어떻든'의 맞춤법 표기에 대해 알아보지요. 아래의 예문처럼 사용되는 단어들이지요.

- 아무튼, 여기서 그게 중요한 것은 아니다.
- 이론이야 어떻든, 그게 중요한 것은 아니다.

　　혹시 '아무튼'과 '어떻든'의 맞춤법 구별에 별 어려움을 느끼지 못하시는 분이 있나요? 그런 분들은 이 부분을 읽지 않고 넘기셔도 됩니다. 이미 자신의 표기가 맞춤법과 일치한다는 것을 의미하거든요. 그러니 더 복잡하게 만들 필요는 없잖아요. 이런 분들은 '아무튼'을 하나의 고정된 요소로 취급하고 있는 분들이에요. 이 단어가 다른 말에서 줄어들었다는 점을 고려하지 않는 것이지요. 그리고 이런 점은 '여하튼'의 맞춤법을 지정한 의도와 일치하는 부분입니다. 자신의 표기에 맞춤법의 원리가 자동화된 거예요. 그러니 그냥 넘어가셔도 된다는 것입니다.

하지만 '아무튼'이나 '어떻든'의 맞춤법 표기가 뭔가 미심쩍은 분들을 위해 이 두 단어에 대해 설명해 보기로 하지요. 이 미심쩍음의 원인은 두 단어 사이의 관계 때문입니다. 그 관계가 뭔지를 좀 더 고민할 기회가 있어야 혼동이 완화됩니다. 관계는 이 단어들의 마지막에 붙은 '든'은 '든지'로도 나타날 수 있습니다. 선택을 표현할 때 사용하는 말이지요. 맞춤법 원리를 익히려면 '든'의 앞에 놓인 부분에 주목할 필요가 있어요. 먼저 '여하튼'이나 '어떻든'과 같은 유형의 단어들을 함께 살피기로 하지요. 맞춤법은 하나의 단어만을 보고 정하는 것이 아니니까요.

- 아무튼, 여하튼   ← 아무하든, 여하如何하든
- 어떻든, 이렇든, 저렇든, 그렇든 ← 어떠하든, 이러하든, 저러하든, 그러하든

두 단어 모두 원래는 '아무하다', '어떠하다'의 '-하다'에서 'ㅏ'가 탈락하고 'ㅎ'을 남긴 예들이지요. 그런데 이 'ㅎ'을 '아무튼'에서는 'ㅎ'과 뒤의 '든'을 축약해 표기하는 것이고요. '어떻든'에서는 'ㅎ'을 앞 음절에 남겨서 표기해야 됩니다.

이 차이는 어디로부터 온 것일까요? 이 차이를 아시려면 '어떠하다'와 '어떻다'의 관계를 먼저 보는 것이 좋습니다.

- 어떠하다, 어떠하더라도, 어떠하고, 어떠하지
  ➡ 어떻다, 어떻더라도, 어떻고, 어떻지

'어떠하다'든 준말 '어떻다'든 일상에서 흔히 사용되는 말들입니다. 그러니 '어떻- + -든'이 될 때 '어떻-'로 적어서 의미를 보여 주는 것이지요. '이렇다, 저렇다, 그렇다'도 마찬가지입니다. 그러니 'ㅎ'을 밝혀 적는 것이 의미를 파악하는 데 유용합니다. '이렇고, 저렇고, 어떻고'와 '이렇든, 저렇든, 어떻든'의 표기상의 연관관계로 의미 파악이 훨씬 쉬워집니다.

하지만 '아무하다'나 '여하하다'의 줄어든 형태는 실제에서 거의 나타나지 않습니다.

- 아무하다, 아무하더라도, 아무하지만, 아무하지
  ➡ 아뭏다,* 아뭏더라도*, 아뭏지만*, 아뭏지*

- 여하하다, 여하하더라도, 여하하지만, 여하하지
  ➡ 여핳다*, 여핳더라도, 여핳지만*, 여핳지*

실은 '여하하다'나 '아무하다'라는 단어 자체도 현실에서 별로 사용되지 않아요. 혹 실제에서 쓴다 할지라도 옛 말투라는 느낌이 드실 거에요. 그러니 그 줄말인 '여핳－'이나 '아뭏－'이라는 단어가 쓰이지 않지요. '여핳다'나 '아뭏다'라는 말이 쓰이지 않는데 'ㅎ'을 받침으로 남긴다 해도 의미를 파악하는 데 별 도움이 되지 않잖아요. 그래서 'ㅎ'을 받침으로 남기지 않고 소리 나는 대로 '여하튼'이나 '아무튼'이라고 표기하는 것이지요.

> **제1항** 한글 맞춤법은 표준어를 <u>소리대로</u> 적되 어법에 맞도록 함을 원칙으로 한다.
> 아무튼   어떻든

이렇게 발음되는 원리는 아래 단어들에도 적용된답니다. 물론 이 단어들은 앞서 본 '－하다'와 직접적인 관련은 없지만 함께 기억하면 더 좋을 거예요. 'ㅎ'을 별도로 남기지 않고 뒷말에 나타냈다는 점에서는 같으니까요.

- 이토록, 그토록, 저토록, 열흘토록, 종일토록, 평생토록

8

퉁퉁 불은 라면 vs 퉁퉁 분* 라면

- 퉁퉁 불은 라면이 더 맛이 있다.
- 퉁퉁 분* 라면은 못 먹겠다.

위 문장에서 '불은'이라는 표기가 어색하지 않은가요? 어색하셨다면 그분은 유형을 묶어서 생각하는 연습을 이미 하고 계신 거예요. 칭찬해 드리고 싶네요. 맞춤법은 단어 하나만을 단독으로 보고 지정하는 것이 아니니 관련된 단어들과 연관지어 생각해야 한다고 했었잖아요. 어색함을 느끼신 분들은 이전에 본 'ㄹ로 끝나는 동사나 형용사'에 대한 공부가 제대로 된 분들입니다. 먼저 '라면이 불은'의 서술어를 '불다'로 잡으시고 'ㄹ'이 탈락하여 '분'이 될 것이라 생각하신 것이거든요.

문법 공부는 그런 방식으로 익숙해지셔야 합니다. 원리를 익히고 보는 단어마다 적용해 보는 과정을 거치는 것이지요. 그런데 또 한 가지 중요한 점은 모양이 같거나 비슷하다고 해서 원리를 확대 적용하지 않아야 한다는 점입니다.

'라면이 불은'에 사용된 '불은'의 기본형이 '불다'인가에 대해 좀 더 신중하게 생각할 필요가 있습니다. 이 단어의 기본형은 '불다'가 아니고 '붇다'랍니다. 이를 제대로 이해하기 위해 좀 더 익숙한 단어인 '듣다'와 비교해 보기로 하지요.

- 잘 ① 듣고 ② 들은 대로 적어보세요.

'듣다'라는 단어는 ①처럼 자음 앞에서는 받침 'ㄷ'으로, 모음 앞에서는 ②처럼 'ㄹ'로 소리 나는 동사입니다. 이런 동사들을 불규칙 동사라 합니다. 여러분은 이런 동사들을 일일이 외우지 않고도 잘 구별해 사용하고 있답니다. '붇다' 역시 자음 앞에서 'ㄷ'으로, 모음 앞에서 'ㄹ'로 변화하는 불규칙 동사 중의 하나입니다. 아래 예문과 같이 적는 것이 올바른 표기입니다. '싣다'라는 단어 역시 동일하게 움직이는 동사이니 함께 기억하면 좋습니다.

- 강물이 ① 붇기 전에 건너라. 강이 ② 불으면 건널 수 없다.
- 짐을 ① 싣고 내리기 편한 위치에 차를 댔으니 짐을 ② 실어 봅시다.

이 단어는 ②번처럼 '라면이 불어, 불은, 불으면'으로 표기되어야 하는 단어라는 점을 기억하세요. 그런데 왜 '여기서 '퉁퉁 분*'이 맞는 것처럼 생각되는 것일까요? 불규칙 동사들 중 몇몇은 자꾸 규칙적으로 변화하려는 경향을 보입니다. '라면이 불은'의 '붇다'가 대표적인 예라 할 수 있지요. 그런데 요사이 '불다'를 기본형으로 생각하시는 분들이 부쩍 많아졌습니다. 그래서 'ㄹ'로 끝나는 동사로 착각하게 된 것이고 'ㄹ'을 탈락시켜서 '퉁퉁 분'이라는 표현이 나타나게 된 것이지요. 이렇게 특별히 혼동되는 단어들은 '듣다/싣다/붇다'처럼 묶어서 기억하면 혼란을 줄일 수 있습니다.

> **♀ 혼동되는 또 다른 단어: '붇다'와 '붓다'**
>
> • 얼굴이 붓다
> • 병으로 간이 붓다.
> • 울어서 눈이 붓다
> • 다리가 퉁퉁 붓다.
>
> 이 단어는 '라면이 붇다'와는 다른 단어인 거죠. 그런데 이 단어 역시 모음 어미를 만날 때와 자음 어미를 만날 때 행동이 다릅니다. 불규칙 동사이니까요.
>
> • 얼굴이 부어, 간이 부어, 눈이 부어, 다리가 부어

• 얼굴이 붓고, 간이 붓고, 눈이 붓고, 다리가 붓고

위의 예에서 보듯이 모음 어미를 만나면 'ㅅ'이 사라집니다. 그래서 ㅅ불규칙 동사라고 한답니다. 이런 질문이 가능할 듯해요. 이렇게 얼굴이 부은 상태 등을 가리켜 '부기'라고 하던데요. 왜 자음 어미가 붙었는데 '붓기'가 아니고 '부기'인가요? 아주 좋은 질문입니다. 두 가지에서 좋은데요. 첫째는 '-기'가 붙었을 때 'ㅅ'이 발음되어야 한다는 점을 지적한 것이 좋습니다. 둘째는 '부기'라는 단어를 이와 관련시킨 점이 좋습니다.

일단 '부기'는 '붓다'로부터 온 단어가 아니라 '부기浮氣'라는 한자어입니다. 의미는 '부종浮腫으로 인하여 부은 상태'를 가리키는 말이지요. '부종'이 몸이 '붓는' 병이니 의미상으로는 통하지만 어원이 다른 단어이니 같은 행동을 하지 않는 것이지요. 고유어 '붓다'로부터 온 '붓기'라는 명사는 잘 안 쓴다고 판단하여 사전에 실리지 않은 것으로 보입니다. 하지만 사전에 실려 있지 않아도 우리는 '놀기, 공부하기, 사랑하기'처럼 명사형을 자주 사용하지요? '붓다'를 명사형으로 활용한다면 '붓기'로 쓰는 것이 올바릅니다.

나는 슈퍼맨 vs 날으는* 슈퍼맨

'날으는'이나 '거칠은'이라는 말 익숙하시죠? 하지만 '나는', '거친'이 맞춤법에 맞는 표현이랍니다. 왜 우리에게 덜 익숙한 '나는'이나 '거친'이 올바른 표기일까요?

맞춤법은 하나의 단어만 보고 지정하는 것이 아니라는 점, 기억하시지요? 먼저 '날으는'이나 '거칠은'의 기본형부터 생각해 보세요. 동사나 형용사의 변하지 않는 부분에 '-다'를 붙이면 기본형이 됩니다. 이 두 단어의 기본형이 '날으다, 거칠으다'가 아니란 점, 확인하셨나요? 확신이 들지 않으면 이 두 단어에 '-고'를 붙여 보는 것도 방법이에요. '날고, 거칠고'를 떠올릴 수 있으면 기본형 '날다, 거칠다'를 찾을 수 있을 것입니다. 이 역시 '날으고'인 것처럼 느껴지시는 분들은 '-며'나 '-지' 등으로 다시 한 번 확인해 보세요.

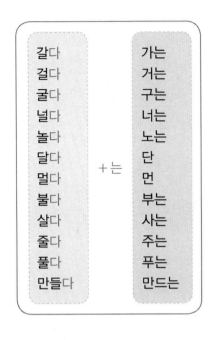

갈다		가는
걸다		거는
굴다		구는
널다		너는
놀다	+ 는	노는
달다		단
멀다		먼
불다		부는
살다		사는
줄다		주는
풀다		푸는
만들다		만드는

'거칠다, 날다'는 'ㄹ'로 끝나는 용언입니다. 그렇다면 'ㄹ'로 끝나는 다른 용언들은 어떤 방식으로 변화할까요?

왼쪽의 표처럼 'ㄹ'로 끝나는 동사에 '는'을 결합하면 'ㄹ'이 탈락하여 '가는, 거는' 등의 형태로 나타납니다. 'ㄹ'로 끝나는 형용사 역시 'ㄹ'이 탈락하면서 '단, 먼'의 형태로 나타납니다. 이때 '느'는 어디로 갔냐고요? 한 국어의 형용사는 현재를 나타낼 때 '는' 대신에 'ㄴ'이 결합한다고 배웠잖아요. 'ㄹ'로 끝나는 용언은 자음어미를 만나면 'ㄹ'이 탈락

날으는 슈퍼맨은 없다고~

하는 것이 일반적입니다. 이 원칙을 지키지 않은 형태가 '날으는*, 거칠은*'이지요. 만약 '날으는*, 거칠은*'을 올바른 표기로 인정한다는 것은 'ㄹ'로 끝나는 나머지 동사 형용사들도 '갈으는*, 걸으는*'으로 표기될 수 있음을 암시하는 것이기에 그렇게 할 수 없는 것입니다.

맞춤법은 하나의 단어만을 보고 지정하는 것이 아니라는 점 다시 기억하세요. 그리고 비슷한 행동을 하는 것들을 묶어서 생각하여야 한다는 점도 잊지 않으면 좋겠어요.

10

재떨이 vs 재털이*

재떨이를 맞춤법으로 지정한 이유가 뭔가요? 재를 터는 그릇이니까 '재털이*'가 되어야 하는 것 아닌가요? 맞춤법에 불만을 제기할 때 흔히 나오는 질문입니다. 그리고 유명한 소설 속에서조차 '재털이*'라는 표기가 발견됩니다. 그만큼 '재털이*'가 흔히 쓰인다는 의미이겠지요. '재떨이'라는 표기에 대한 문제 제기는 부분적으로 타당합니다. 부분적으로라는 것이 무슨 뜻이냐고요? 실제 예문을 보면서 이야기를 풀어보기로 하지요. 이 이야기가 끝날 무렵에는 여러분의 문제 제기가 어떤 측면에서 맞는 것인지를 알게 될 거예요. 그리고 왜 아직은 '재떨이'를 맞춤법으로 받아들여야 하는 것인지에 대해서도 이해할 수 있을 것입니다. 국어사전에 제시되어 있는 예문을 먼저 보기로 해요.

- 재를 <u>털어</u>내었다.
- 먼지 묻은 옷을 <u>털</u>었다.
- 노인은 곰방대를 <u>털</u>며 이야기를 시작했다.
- 밤나무의 밤을 <u>털</u>었다.

위의 문장들은 일상에서 흔히 발견되는 '털다'의 용례들입니다. '재를 털다'가 있는 것을 보면 '담뱃재를 털다' 역시 올바른 표기입니다. 그런데 문제는 위의 문장들의 '털다'를 '떨다'로 바꾸어도 잘못된 표기가 아니라는 데 있어요. 역시 사전에 실린 예문들로 보지요.

- 재를 <u>떨어</u>내었다.
- 먼지 묻은 옷을 <u>떨</u>었다.
- 노인은 곰방대를 <u>떨</u>며 이야기를 시작했다.
- 밤나무의 밤을 <u>떨</u>었다.

'털다'를 '떨다'로 바꾸어도 문장의 의미가 크게 달라지지 않아요. 이런 현상은 두 단어가 모두 '달려 있거나 붙어 있는 것을 떼어냄'이라는 의미를 가져서 생기는 거예요. 그런데 어떤 단어이든지 꼭 같은 의미로 쓰일 수는 없답니다. 언어는 그런 비경제적 활동을 하지 않아요. 비슷한 의미의 단어들도 각각의 차별된 의미를 가지거든요. 그렇다면 이 단어들의 차이는 무엇일까요? 위의 문장에서 '밤을 떨다'와 같은 문장이 다소 어색하지는 않으셨나요? 왜 그 럴까요? 밤나무에서 밤이 떨어지도록 할 때의 사람의 행동을 생각해 보세요. 이 행동이 다소 강하다고 생각하시는 분들이 '털다'라는 단어를 선택하는 것입니다. '떨다'와 '털다'라는 단어가 갖는 어감(뉘앙스)의 차이이고요. '털다'가 '떨다'보다 더 강하답니다.

- 덜다: 떨다: 털다

이 세 단어의 관계에 주목해 보세요. 'ㄷ: ㄸ: ㅌ'만 다르네요. 그리고 국어의 'ㄷ: ㄸ: ㅌ'의 관계는 '예사소리: 된소리: 거센소리'의 관계입니다. 이 말은 'ㄷ'보다는 'ㄸ'이, 'ㄸ'보다는 'ㅌ'의 어감이 더 세다는 것을 의미합니다. 하지만 사람에 따라 강도에 대한 주관적 느낌이 다르잖아요. 그러니 '떨다'와 '털다'가 혼동될 수밖에요. 여기에 대해 이런 질문을 하신다면 좋겠어요. 동작이 크든 작든 흔히 '털다'를 쓰지 않으냐는 질문입니다. 일단 '털다'라는 단어가 이전보다 많이 쓰이는 것은 사실입니다. 이 지점이 여러분이 '재떨이'에 대하여 불만을 품는 것이 어느 정도 일리가 있는 부분입니다. 사람들이 '떨다'보다 '털다'를 이전보다 더 많이 쓰니까 '재털이*'가 되어야 한다는 말이지요.

그런데요. 우리가 '털다'와 '떨다'에 대한 논의하는 것이 무엇을 위한 것인지를 생각해 보세요. '재떨이'를 왜 맞춤법 표기로 정하는가였지요. 바로 전에 제가 했던 말에서 '이전보다'라는 말에 주목하세요. 이 말에 주목하라는 이유는 '재떨이'라는 단어와 언어의 변화가 관련 있기 때문입니다. 먼저 이 단어가 '재+떨이'의 관계로 이루어져 있다는 것부터 확인해 두세요. 제가 지금부터 다른 단어 얘기를 할 거예요. '재떨이'를 풀어내는 데 필요한 단어이니까 조금만 더 들어 주세요.

'갈치'라는 생선을 아시지요? 이 생선을 '칼+치'라고 보아서 '칼치*'로 발음하거나 표기하려는 분들이 많습니다. 그리고 실제로 이 생선의 이름은 '칼처럼 생긴 생선'이라는 데서 왔습니다. '칼'의 옛말이 '갈ㄲ'이거든요. 그런데 '갈'이라는 단어가 '칼'이라는 단어로 바뀌었습니다. 그런데도 여전히 사물의 이름 속에서 '갈'은 살아 있어요. 많은 사람들이 '갈치'라고 사용하고 있으니까요. 사람들이 이 사물을 '갈치'라고 부르는 한 무리하게 '칼치*'를 표준어로 바꾸기는 어렵겠지요?

'재떨이' 역시 마찬가지입니다. '재를 떠는 그릇'이라는 단어가 만들어진 시기에는 '털다'를 사용하는 빈도가 오늘날보다 현저히 약했답니다. '갈치'에서 보다시피 과거에는 'ㅋ, ㅌ, ㅍ, ㅊ'이 잘 쓰이지 않았거든요. 담배가 들어온 것이 임진왜란이라니 그때는 '털다'보다 '떨다'가 훨씬 많이 쓰이던 때였겠네요. 그러니 '재+떨+이'라는 구성의 단어가 만들어진 것이지요. 게다가 '갈치'의 '갈'이 없어진 단어라는 점과 달리 '떨다'는 여전히 쓰이고 있는 단어잖아요. 그러니 '재떨이'를 '재털이*'로 바꿀 수 없는 거예요. 오늘날

쓰고 있는 단어이지만 단어들 속에는 이렇게 옛날의 질서를 포함하고 있는 경우가 꽤 많답니다. 일상에서 '털다'와 '떨다'를 사용하는 방식과 다른 단어 속의 질서가 있는 거지요.

⊙ 옛 질서를 품고 있는 단어들

• 부삽, 소나무

부삽이라는 말이 어색하신 분들이 꽤 있으실 걸요. 그런 분들은 아직 나이가 많지 않은 분들입니다. '부삽'은 '불+삽'입니다. 요즘은 불을 직접 다룰 일이 많지 않아 이 단어가 거의 쓰이지 않게 되었지만 예전에서는 불을 담아 옮기는 데 '부삽'이 많이 쓰였답니다. 그런데 이 단어는 왜 '불삽'이 아니고 '부삽'일까요?

소나무 역시 '부삽'과 같은 사연을 가진 단어입니다. '솔+나무'이거든요. '솔아 솔아 푸르른 솔아'라는 노래 속의 그 '솔'입니다. 그런데 이 단어는 왜 '솔나무'가 아니고 '소나무'일까요? 이렇게 'ㄹ'이 사라진 단어들이 또 있어요. '말과 소'를 함께 표현하는 말인 '마소馬牛' 이 단어 역시 'ㄹ'이 나타나지 않는답니다. 이들 세 단어는 빈도야 어떻든 오늘날에 쓰이는 단어들이에요. 그런데 'ㄹ'은 어디 갔을까요?

옛날에 단어를 만들 때 'ㄴ'이나 'ㅅ' 앞(엄밀하게는 치음齒音 앞에서)에서 'ㄹ'이 탈락하는 규칙이 있었답니다. '소나무, 부삽, 마소'의 'ㄹ'이 탈락한 이유는 그 규칙 때문인 거죠. 그러다 세월이 변하여 단어를 만들 때 적용하던 이 규칙은 사라졌어요. 오늘날에는 이 규칙이 없어요. 진 거죠. 하지만 그 규칙이 살아 있을 때 만들어졌던 단어인 '소나무, 부삽, 마소'는 여전히 옛 규칙을 품은 채로 오늘날 남아 있는 거예요.

여러분이 이런 질문을 하신다면 정말 기쁘겠어요. 이 단어 역시 '불+나방'으로 이루어진 단어이고 'ㄴ'앞에 'ㄹ'이 있는데 이 단어는 왜 '부나방'이 아니고 '불나방'인지. 이런 질문은 두 가지 점에서 저를 기쁘게 합니다. 단어를 하나로만 생각하지 않고 관계를 보고 있다는 점, 두 번째는 예를 들어 적용하면서 문법을 공부하고 있다는 점 때문에요.

그럼 '불나방'이라는 단어는 어떤지 살펴볼까요? '부나방'이라는 단어를 검색해 보세요. 이 단어가 옛 규칙을 지킨 모습입니다. '부나방'은 표준어로 지금도 맞춤법에 맞는 단어입니다. 그렇다면 '불나방'은 뭘까요? 이 단어는 단어를 만들 때 'ㄹ'이 탈락하는 규칙이 사라진 후에 '불+나방'이라고 새로 만들어진 말이에요. 그러니 'ㄹ'을 유지하는 거지요. 두 단어는 모두 쓰이지만 사용 빈도는 많이 차이 납니다. 그 차이가 벌어지다 보면 덜 쓰이는 말은 없어지는 것이 언어 변화의 원리인 거죠.

그러면 새로 질문할 거리가 생기셨겠네요. '솔나무'나 '불삽'과 같은 단어도 생길 수 있나요. 물론입니다. 생길 수는 있어요. 하지만 사람들이 '소나무'를 쓰느냐 '솔나무'를 쓰느냐에 따라 그 말이 사느냐 죽느냐가 달려 있어요. 누군가는 '솔나무'나 '불삽'을 쓰려고 할 수 있어요. 하지만 '부삽'은 거의 쓰이지 않는 단어가 되어 가고 있고, '소나무'는 현재는 그 쓰임에 있어 굳건한 위치를 차지하고 있는 것으로 보이니 '솔나무'나 '불삽'과 같은 단어가 살아남기는 어려울 듯해요. 그러나 먼 미래에 언어가 어찌 될지는 알 수 없는 일이지요.

모듬 회 vs 모듬* 회

이 단어들이 혼동된다면 말이 언제 어떤 경우에 쓰이는지를 먼저 생각하세요. '모듬'이나 '모둠'은 단독으로 쓰이는 말인가요? 그렇지 않다면 어디에서 주로 쓰이나요? 이런 질문들은 맞춤법의 비중을 생각하는 데 도움이 됩니다. 이 단어와 관련된 어려움이 실제로 큰 문제인지 아니면 사소한 문제인지를 확인할 수 있거든요. 이 확인은 맞춤법에 대한 어려움을 줄여 준답니다.

- 모둠: 초·중등학교에서 효율적인 학습을 위해 학생들을 작은 규모로 묶은 모임.

사전에 나온 대로 '모둠'이라는 단어는 교육 현장에서 주로 사용하는 말입니다. 이 말은 소규모 활동(그룹이나 팀)을 가리키기 위해 활용된 단어라는 의미입니다.

그런데 이 단어는 이런 교육 현장 이외에서는 단독으로 사용되는 경우가 거의 없습니다. 이 단독이라는 말의 의미를 제대로 알려면 이 단어가 어떻게 쓰이는지를 보면 되겠네요.

- 모둠 회
- 모둠 튀김
- 모둠 밥
- 모둠 냄비

이들 단어들의 공통점이 두 개 있습니다. 일단 이 '모둠'이라는 단어는 주로 음식과 관련된 단어와 함께 사용되는 경우가 많습니다. 아주 좁은 영역에서 쓰인다는 말이지요. 두 번째로 이 단어들은 모두 사전에는 나오지 않는 단어들입니다. 사전에 실리지 않는다는 말은 사람들이 이 단어를 하나로 묶어서 생각하지 않는다는 의미입니다. 그래서 모둠과 뒷말 사이에 띄어쓰기가 사용된 것이지요. 영역이 어떻든 표준어로 인정하는 단어가 '모둠'이니 이 음식 관련 단어들의 어구에도 '모둠'이라고 쓰는 것이 맞춤법에 맞는 표현입니다.

모둠일까? 모듬일까? 우리는 왜 이런 고민을 하게 될까요? 우리가 잘 아는 단어들을 통해 여기에 들어 있는 문법을 확인해 보기로 해요.

- 앎
- 삶
- 모임
- 얼음
- 놀음

이 단어들의 공통점이 보이시나요? 네. 이 두 단어 모두 '알다, 살다, 모이다, 얼다, 놀다'와 같은 단어에서 만들어진 명사들입니다. 한국어의 명사 중에는 이렇게 'ㅁ'이나 '음'이 붙어서 된 것들이 있어요. 여러분이 이런 'ㅁ'이나 '음'을 일일이 나누면서 사용하는 것은 물론 아닙니다. 하지만 여러분은 '모둠'이라는 말을 보면 특별히 의식하지 않아도 자연스럽게 아마 다른 단어에서 명사형으로 바뀌었다는 것을 알 수 있답니다. 그런 것이 여러분의 머릿속 문법이 하는 일입니다. 그러니 이 단어가 어떤 단어에 'ㅁ'이 붙은 것이라 생각하게 되고 그 원래 단어가 '모드다'일지 '모두다'일지를 고민하게 되는 것이지요. 둘 중 정답이 있을까요? 안타깝게도 두 단어는 모두 오늘날에는 사용되지 않는 단어들이랍니다. 하지만 옛날 서적에는 이 두 단어 모두 사용되었습니다. 그리고 이 두 단어의 관계는 현재 우리는 알기 어려운 복잡한 문법적 단계가 관여하고 있답니다. 여기서는 굳이 그 문제를 다루지 않아도 될 것 같습니다. 골치만 아플 테니까요.

우리는 좀 더 간단하게 생각할 필요가 있습니다. '모둠'이라는 단어가 어디에서 어떤 방식으로 나타난다고 했는지에 주목하는 것이지요. 먼저 일상에서는 '모둠'이라는 단어는 거의 쓰이지 않는다. 다만 음식과 관련하여서 현재 모둠 회, 모둠 튀김과 같은 표현이 있다. 그러니 음식 관련 분야에서 '모둠'의 형태를 쓰는 것이 알맞다. 그리고 이 단어는 아주 좁은 범위에 한정된 말이니 어렵더라도 너무 힘들어 하지는 말자. 이런 방식으로요.

담그다 vs 담구다*
잠그다 vs 잠구다*

• 어머니께서 김치를 <u>담가</u> 주셔서 우리는 <u>담글</u> 필요가 없었다.

밑줄 친 부분이 어색하진 않나요? 이 단어들이 '담궈*/ 담굴*'이 되어야 한다고 생각하는 분들이 있을 수 있어요. 또 어떤 분들은 '담아/ 담을'이 되어야 할 것이라고 판단하기도 합니다. 왜 그렇게 생각하게 되는 걸까요? 문제는 단어의 기본형을 혼동하고 계신 것입니다. 먼저 이 단어가 '담가, 담글'로 바뀌고 있다면 기본형은 무엇인가요? '담그다'겠지요. 그렇습니다. 표준어에서 이 단어의 기본형은 '담그다'로 규정되어 있답니다. 그러니 어미 '-아/어'가 붙을 때 '으'가 탈락하게 된 것이지요. '으'로 끝나는 동사나 형용사들이 모음어미를 만나면 탈락하는 것은 국어에서 아주 흔한 현상이니까요.

그런데 밑줄 친 부분을 '담궈*, 담굴*'이 되어야 한다고 생각하신 분들은 이 단어의 기본형을 '담구다'라고 생각하고 계신 것이지요. 그래서 이 단어가 '담구니*, 담궈서*, 담굴*, 담구고*'로 활용될 것이라고 보는 분들이에요.

예상보다 이렇게 생각하는 분들이 많습니다. '으'로 끝나는 동사나 형용사들이 변동할 때 '으'가 탈락하기 때문에 의미상의 손상이 있을 수도 있어요. 그래서 말하는 사람들은 이를 탈락시키지 않고 싶어 하는 경향이 있고 이런 경향이 은연중에 나타나기도 합니다.

표준어나 맞춤법을 지정하는 분들은 이러한 경향이 얼마나 확장되고 있는지를 확인하는 과정도 거친답니다. 그리고 여전히 '담그다'라는 기본형이 유지되고 있다고 판단하고 있는 것이지요. 실제로 '담구다'로 발음하는 사람은 소수이기도 하고요. 이런 경우 혼동되는 기본형들끼리 묶어서 기억해 두는 것이 유용합니다.

앞서 본 문장의 밑줄이 '담아, 담을'로 수정되어야 한다고 생각하는 분들은 단어를 정확하게 사용하지 않는 분들입니다. '담다'와 '담그다'는 모두 맞춤법에서 허용되는 단어입니다. 하지만 의미는 전혀 다르지요. '담다'는 '어떤 물건을 그릇이나 상자 등에 넣는 것'을 의미하고요. '담그다'는 음식을 만드는 과정에서 쓰는 말입니다. '재료를 액체 등과 섞어서 익거나 삭도록 그릇에 넣어 두는 것'입니다. 단순히 비슷한 글자가 쓰였다고 해서 뜻도 같을 거라 예상하면 곤란합니다. 그렇다면 다음 두 문장은 모두 올바른 표현입니다. 그런데 의미상의 차이가 있는 것이지요.

- 어머니 김치 좀 ① 담아 주세요.
- 어머니 김치 좀 ② 담가 주세요.

①은 이미 만들어져 있는 김치를 다른 그릇에 넣어 달라는 것을 의미합니다. 하지만 ②는 김치를 새로 만들어 달라는 의미겠지요. 이 둘의 차이를 기억해 두시고요. '김치를 만들다'의 의미로 쓰일 때는 '담그다'라는 점을 기억해 주세요.

어떤 단어들을 혼동하고 있다면 비슷한 유형을 갖는 다른 단어에서도 그런 현상이 나타난답니다. 동사 형용사에서 '으'와 '우'가 혼동된다면 '으'로 끝나는 다른 단어에서도 그런 경향이 나타나게 되겠지요. '담그다－담구다[*]'의 혼동과 비슷한 유형을 보이는 말이 '잠그다－잠구다[*]', '치르다－치루다[*]' 등입니다. 이 단어들 역시 기본형은 '잠그다, 치르다'이지 '잠구다[*], 치루다[*]'가 아니랍니다. 기본형을 기억하고 특히 적을 때 주의해야 합니다.

- 현관문을 먼저 잠근 후에 안방 문을 잠가라.
- 시험을 치른 후 집안에 잔치를 치렀다.

> 💡 비슷한 유형의 맞춤법 오류: '으'를 다른 모음으로 바꾸거나 덧붙여서 활용하는 경우
>
> - 들르다 – 들러 – 들르니(들리니*)
> - 통틀고 – 통틀어서 – 통틀면 – 통틀어(통털어*)
> - 삼가니 – 삼가서 – 삼가고(삼가하니* – 삼가해서* – 삼가하고*)

마라 vs 말라 vs 말아

- 제발 걱정을 말아라[*].
- 제발 걱정을 마라.

　'말다'라는 말을 아시지요. 자주 쓰이는 말이지만 제대로 사용하는 분은 드문 편입니다. '마라'가 맞는지, '말라'가 맞는지, '말아'가 맞는지의 답을 만들고 그것을 외우고 싶으시지요? 그럴 수 없어요. 문제가 그리 간단하지 않거든요. 이 단어는 결합하는 어미에 따라서 행동이 달라 보이기 때문에 이것이 정답이라고 외울 수 없습니다. 그런데요. 이 단어의 복잡성을 둘로 구분하면 좀 더 문제가 쉬워집니다. 앞서 '날으는[*]'이 표준어가 아니라는 말씀을 드린 적 있어요. 왜 그렇다고 말씀드렸나요? 'ㄹ'로 끝나는 동사들이 어떤 행동을 하는가에 따라 달라진다고 말씀을 드렸었잖아요. '말다'라는 단어 역시 'ㄹ'로 끝나는 동사입니다. 그러니 이 동사는 'ㄹ'로 끝나는 동사들과 행동이 같겠네요. 그것을 먼저 확인해 보기로 해요.

'ㄹ'로 끝나는 용언은 'ㄴ'이나 'ㅅ'을 만나면 'ㄹ'이 탈락합니다. 그 이외에는 'ㄹ'을 유지하는 것이 일반적이지요. '말다' 역시 다른 'ㄹ'로 끝나는 용언들과 행동이 같답니다. '걸다/살다'라는 'ㄹ'로 끝나는 동사와 비교해 가면서 설명해 볼게요. 예를 보세요.

①	• 제발 걱정을 <u>말아</u> 주세요.	옷을 옷걸이에 <u>걸어</u> 주세요.
		잘 <u>살아</u> 주세요.
	• 걱정 <u>말고</u> 일하세요.	옷을 옷걸이에 <u>걸고</u> 앉으세요.
		잘 <u>살고</u> 계세요.
	• 잘 모르면 말을 <u>말게</u>.	옷을 옷걸이에 <u>걸게</u>.
		편안히 잘 <u>살게</u>.
②	• 거짓말 <u>마는</u> 게 좋을 걸.	옷을 옷걸이에 <u>거는</u> 게 좋을 걸.
		잘 <u>사는</u> 게 다행이지.
	• 걱정을 <u>마시는</u> 게 건강에 좋아요.	옷을 <u>거시는</u> 게 편할 걸요.
		잘 <u>사시는</u> 비결이에요.

①은 'ㄹ'을 유지한 예들이고 ②는 'ㄹ'이 탈락한 예들입니다. 다른 'ㄹ'을 가진 동사들과 행동이 같지요. ②와 같은 탈락은 '말다'만의 특성이 아니니 복잡한 문제가 아니네요.

그럼 '말다' 동사가 'ㄹ'로 끝나는 동사들과 차이가 나는 점이 무엇인지가 중요하겠네요. 이 부분은 조금 어려울 수 있어요. '말다'

의 특수성이니까요. 이 동사의 특수성은 모음으로 시작하는 명령형 어미 '−아라'를 만났을 때랍니다. 여기서 중요한 것은 모든 명령형 어미는 아니라는 점. 자음으로 시작하는 명령형 어미를 만났을 때는 다른 'ㄹ'로 끝나는 용언들과 행동이 같거든요. 앞서 등장한 '잘 모르면 말을 말게'의 '−게'가 자음으로 시작하는 명령형 어미입니다. 그럼 자음으로 시작하는 명령은 빼고 모음 '−아(라)'와 연결될 때 어떤지를 확인하세요. 아래 예를 보세요. 그리고 무엇이 어떻게 달라지는지에 주목하세요.

• 걱정을 <u>마</u>. 　걱정을 <u>말아</u>*.	옷을 옷걸이에 걸어.
	잘 살아.
• 걱정을 <u>마라</u>. 　걱정을 <u>말아라</u>*.	옷을 옷걸이에 걸어라.
	잘 살아라.
• 걱정을 <u>마요</u>. 　걱정을 <u>말아요</u>*.	옷을 옷걸이에 걸어요.
	잘 살아요.

　어떤가요? '걸다'나 '살다'와는 달리 'ㄹ'이 없어졌지요. 왜 이런 일이 일어나는지는 아직도 명확히 알 수 없습니다. 200~300년 전의 책에서도 이렇게 표기되어 있거든요. 그래서 맞춤법에서는 '마라, 마'와 같은 발음이 표기로 굳어진 것이라고 받아들이고 이를 맞춤법으로 정한 것이지요. 실제로 이렇게 굳어진 형태를 맞춤법으로 받아들이는 예들이 몇몇 있어요.

- —다마다 ← (—다 말다)
- 마지못하다 ← (말지 못하다)
- 머지않아 ← (멀지 않아)
- —자마자 ← (—자 말자)

여러분은 '걱정을 말아라[*] / 걱정 말아[*] / 걱정 말아요[*]'와 같이 말하는 사람이 많다고 생각하실 수 있어요. 실제로 제법 많은 사람들이 그렇게 말하고 있는 것도 사실이고요. 하지만 거꾸로 생각하세요. '아직 명령형 '마라'가 '말아라'로 바뀌는 게 끝나지 않은 모양이구나'라고요. 하나의 단어만이 갖는 특수성이 다른 비슷한 유형의 활용형을 닮아가는 것은 언어 변화에서 흔한 일이에요. 언제 변화가 끝나느냐고 물으실 수도 있겠네요. 그건 알 수 없어요. 대다수의 한국 사람들이 어떻게 말하느냐에 달려 있겠지요. 지금 진행 중인 변화의 결과를 예측할 수는 없는 일이니까요. 그러니 공식적인 문서나 맞춤법 시험에서는 명령형 '말아라[*], 말아[*], 말아요[*]'는 틀린 표기라고 기억해 두는 것이 맘 편한 일이랍니다.

여기서 중요한 점. '말다'는 '말아'가 안 된대와 같이 단순화하면 절대 안 됩니다. 명령형 어미 '아라'가 붙을 때만 일어나는 일이고요. 특히 직접 명령일 때만 일어나는 일입니다. 간접 명령일 때 '말다'는 다른 'ㄹ'로 끝나는 동사들과 같은 행동을 합니다. 확인해 볼까요?

164

	옷을 옷걸이에 <u>걸라고</u> 했다.
• 어머니가 떠들지 <u>말라고</u> 했다.	잘 <u>살라고</u> 했다.

'말다'의 변화가 어려워 보이지만 다른 'ㄹ'로 끝나는 용언들과 비교해 보니 이 단어의 특수성은 모음으로 시작하는 명령형 어미와 결합할 때 'ㄹ'이 나타나지 않는다는 점뿐이네요. 나머지는 '걸다'나 '살다'를 기억해 두고 이와 변화가 같다고 생각하시면 되잖아요. 복잡하다고 어려운 것만은 아니랍니다. 원인이 두 개 세 개 겹칠 때는 특수한 점이 무엇인지 일반적인 것이 무엇인지에 주목하세요.

웃어른 vs 윗어른*
윗통* vs 웃통

위와 아래의 구분이 분명하면 '위'를 쓰고 구분이 분명하지 않으면 '웃-'을 쓴다는 설명을 들어 본 적이 있을 거예요. 이 구분은 맞춤법을 지키는 데 아주 유용하답니다. 그래서 많은 단어들을 구분해 낼 수 있어요. 아래 위의 구분이 맞춤법을 확인하는 데 어떻게 활용될 수 있는지 예를 들어 볼까요?

① 아랫사람 ↔ 윗사람 ⇨ 윗사람
② 아랫어른* ↔ 윗어른* ⇨ 웃어른
③ 윗돈* ↔ 아랫돈* ⇨ 웃돈

'아래'와 '위'의 구분이 분명하다는 말은 '아래'를 포함하는 반대

말이 확실히 있으면 '위'로 쓰고 그렇지 않으면 '웃-'을 쓴다는 뜻이에요. ①은 '아랫사람'이라는 반대말이 있으니까 '윗사람'이 맞는 것이고, ②, ③은 반대말이 없으니까 '웃어른', '웃돈'이 맞춤법에 맞는 말이 되는 거지요.

그런데요. 이렇게 단순하게만 생각해 두면 또 다른 예를 만났을 때 당황하게 된답니다. 아래 예들은 위와 아래의 대립이 분명한 것들이지만 '웃-'도 나타나고 '위'도 나타나거든요.

- 윗옷 ↔ 아래옷 ⇨ 윗옷(○)/웃옷(○)
- 위통 ↔ 아래통 ⇨ 위통(○)/웃통(○)

그리고 이 단어들이 쓰인 아래의 문장들은 모두 맞춤법을 제대로 지킨 것들입니다.

- 이 바지는 위통, 아래통이 너무 좁다. 때문에 웃통을 벗으니 이상해 보인다.
- 겨울철 웃옷은 가벼운 것을 골라라. 그래야 아래옷과 윗옷 위에 입어도 활동하기 좋다.

맞춤법을 제대로 이해하시려면 '윗옷'과 '웃옷', '위통'과 '웃통'이 모두 맞춤법에 맞게 된 사연을 정확히 아셔야 한답니다. 도대체 왜 이런 일이 일어날까요? 그 이유를 알려면 이 단어들의 뜻을 알아봐야 해요.

여기서 '윗옷'과 '아래옷'은 각각 상의와 하의의 의미를 가지지요. 여기서 윗옷이라는 단어는 '위+옷'이라는 의미가 분명히 나타납니다. '위통' 역시 마찬가지예요. '통'은 '바짓가랑이나 소매 따위의 속의 넓이'라는 의미거든요. 그러니 '위+통'이라는 의미가 분명히 나타나는 것이지요. 하지만 '웃옷'과 '웃통'은 사정이 좀 다릅니다. '웃옷'은 '상의'의 의미가 아니라 '겉옷'의 의미입니다. 그러니 앞에 있는 '웃-'은 '위'의 의미가 아닌 거예요. 또 '웃통'은 '상반신'이나 '윗옷'의 의미로 쓰입니다. 문제는 이 단어 속에 '옷' 또는 '반신'을 가리키는 부분이 없다는 데 있어요.

즉, '위통'은 합성어지만 '웃통'은 그렇지 않다는 거지요. 여기서 '웃-'의 비밀이 있답니다. 이전에 '상'의 의미를 가졌다 할지라도

의미가 다른 말로 바뀌었거나, '웃통'처럼 앞뒤 말이 합쳐져 전혀 새로운 의미를 가지게 되었을 경우 '웃-'으로 쓰는 거예요. 이 사연을 더 자세히 알아보기로 해요.

앞에서 '위-아래'의 대립이 있다는 말을 했었지요. 이 말의 의미는 현대국어에서 '상上'을 가리키는 말이 '위'라는 의미랍니다. 그렇다면 혹시 그 이전에는 '상上'을 가리키는 말이 달리 있었을까요? 네 그렇습니다. '위'의 옛날 말은 '우'였답니다. 그러다 세월이 흘러 '우'가 '위'로 바뀌게 된 거지요. 그러니 '상上'을 가리키는 말은 '위'로 쓰면 됩니다. 예를 들어 보세요. 위와 아래를 통틀어 가리키는 말은 옛날에 어떤 단어였을까요? '우아래*'나 '아래우*'였겠지요? 그런데 상上을 가리키는 말이 '우'에서 '위'로 바뀌면서 이 단어는 '위아래'나 '아래위'로 바뀐 거예요.

그런데 '우'를 가졌던 단어들 중에 '상上'의 의미를 잃어버린 단어들이 있어요. 앞서 보았던 '웃돈, 웃어른, 웃통, 웃옷'들이 그런 단어들입니다. '웃어른'이란 말은 오늘날 '모셔야 할 사람'이라는 의미로 더 많이 쓰이지요. '웃돈'은 '덧붙여 주는 돈'이라는 의미이지요. 이렇게 이런 단어들은 현대국어의 '위'로 바꿀 수가 없는 거지요. 왜요? 의미가 바뀌었으니까요. 그래서 현대국어에서 여전히 '우'의 모습을 지니고 있는 거지요. 여기서 중요한 사실 하나. 사전을 찾아보면 '우'라는 단어가 없답니다. 기껏해야 '위의 옛말'로 나올 뿐이지요. 그 이유는 이 단어가 사라졌기 때문입니다. 다만 앞서 말한 단어들 속에 '웃-'으로만 남아 있습니다. '웃-'이 통째로 접두사로 남아 있는 거지요. 그래서 '웃돈, 웃통, 웃어른, 웃옷'과 같은 단어들에 '웃-'으로만 나오지 '우'로 나오는 경우는 없답니다.

📍 '윗통'은 안되나요?

Q '윗글, 윗사람, 윗옷'에는 'ㅅ'을 써야 하는데 '위통'에는 'ㅅ'을 쓰지 말아야 하는 이유가 뭘까요?

A 먼저 '윗글, 윗사람'을 발음해 보세요. [위끌/윋끌] [위싸람/윋싸람]이지요. 우리말에는 앞 음절에 'ㄴ,ㄹ,ㅁ,ㅇ'이외의 받침이 오면 뒤 음절의 첫소리가 된소리가 되는 원칙이 있답니다. 만일 '위글, 위사람'이라면 발음상 된소리가 나지 않거든요. 그러니 앞말에 받침 'ㅅ'이 있다는 것을 알 수 있는 거지요. '위통'과 비교해 보세요. 원래 'ㅌ'은 된소리가 될 수 없으니 'ㅅ'을 써 줄 이유가 없는 거지요.

그렇다면 '윗옷'의 'ㅅ'은 왜 쓰는 걸까요? 이것은 더 쉽습니다. 역시 발음해 보세요. [위돋]이네요. 없었던 'ㄷ'이 생겼네요. 'ㅅ' 받침이 'ㄷ'으로 남은 거랍니다. 여기에 관해서는 앞서 배웠던 '며칠'의 설명을 참고하세요.

물러나거라* vs 앉거라*
가거라 vs 오너라

- 이제 그만 <u>물러나거라</u>*.
- 게 <u>섰거라</u>*. / 게 <u>서거라</u>*.
- 거기에 <u>앉거라</u>*.
- 잠자코 <u>있거라</u>*.

우리가 사극에서 흔히 듣는 말들이네요. 그런데 이들은 모두 맞춤법에 맞지 않는 문장들입니다.

'−거라'는 '가거라, 물러가거라'처럼 '가다'나 '가다'로 끝나는 동사 어간에만 붙을 수 있는 어미입니다. 일상에서 '보거라, 말거라'처럼 '가다' 이외의 다른 동사 어간에도 '−거라'를 붙이는 경우가 있는데 이는 잘못입니다. '보거라, 말거라'는 '보아라, 마라'로 고쳐 써야 바른 쓰임입니다. 앞의 문장들이 맞춤법에 맞으려면 아래와 같이 수정되어야 한답니다.

- 이제 그만 물러나라.
- 게 서라.
- 거기에 앉아라.
- 잠자코 있어라.

왜 이 문장들이 맞고 '-거라'가 붙은 말들이 틀린 것일까요? 먼저 앞선 8개 문장들의 공통점을 생각해 보세요. 맞춤법은 하나만 보고 결정한 것이 아니라고 말했었지요. 그렇다면 함께 논의하는 예들의 공통점을 뽑아내는 것은 필수적인 단계입니다. 여기서 제가 드리는 질문들의 답은 여러분이 이미 잘 아는 것입니다. 문법에 대한 질문이니까 나는 당연히 모를 것이라는 생각부터 없애야 문법이 더 쉬워진다는 말씀 여러 번 드렸었지요. 위의 8개 문장의 공통점은 모두 '명령문'이라는 점이에요. 더 구체적으로 말하자면 높임법을 쓰지 않은 명령문이지요. 그렇다면 한국어에서 '높이지 않은 명령'을 할 때 어떤 어미를 쓰지요? 명령을 할 때 끝에 무엇을 붙이는지 생각해 보세요.

우리는 문장을 명령형으로 끝나게 하려면 '-아라/어라'를 붙입니다. 이런 질문에 답이 금방 떠오르지 않으면 동사를 몇 개 생각하고 문장을 만들어 보면 된다고 말씀드렸었죠. '먹다, 졸다, 잡다'

라는 단어로 실험해 볼까요? 여기서 '가다'라는 단어는 아껴 두세요. 곧 아껴 두라는 것이 무슨 의미인지 알게 될 것입니다.

- 수업 시간 전에 뭘 좀 먹어라.
- 수업 시간에 그만 좀 졸아라.
- 그 사람을 꼭 잡아라.

명령을 할 때 문장 끝에 '아라/어라'를 붙인다는 것이 금방 확인되시지요? 국어 문장을 명령문으로 만들 때 '-아라/어라'를 붙이는 것은 아주 규칙적인 일이랍니다. 여기서 '규칙적'이라는 말에 주목하세요. '규칙'이 있다면 '불규칙'도 있다는 뜻이냐고요? 물론입니다. 대부분의 동사들은 규칙적으로 '-아라/어라'를 붙이면 명령형이 되지만 그렇지 않은 몇몇 동사들이 있지요. 그런 동사들을 불규칙 동사라 한답니다.

명령형과 관련된 불규칙적으로 행동하는 동사들에 '가다'와 '오다'가 있습니다. 우리가 앞에서 '가다'를 아껴 둔 이유를 이제 아시겠지요. '가다'가 명령문에서 불규칙적인 행동을 하는 동사거든요. 그럼 '가다'를 포함한 문장으로 명령문을 만들어 볼까요?

- 수업이 끝났으니 이제 그만 가거라.
- 조심하면서 올라가거라.
- 미끄러우니까 조심해 내려가거라.

'가다'는 위의 문장처럼 명령문을 만들 때 '−거라'가 붙는답니다. 즉 불규칙적인 행동을 하는 거지요. 그래서 사전에서 이 동사들을 '거라 불규칙 동사'라고 이름 짓고 이를 표시해 준 거예요. 자기보다 낮은 사람에게 명령할 때 '−아라/어라'를 쓰지 않고 다른 것을 붙이는 동사가 또 있습니다. 이 단어는 여러분이 더 잘 아는 단어입니다. 예를 볼까요?

- 내일은 좀 더 일찍 오너라.
- 내일은 다른 것을 가져오너라.

'오다'라는 동사는 명령형에서 '너라'가 붙습니다. 그래서 '너라 불규칙'이라 하지요. '가다'나 '오다' 그리고 이를 포함한 단어들을 제외하고는 한국어에서 아랫사람에게 명령하는 문장은 '어라/아라'가 붙은 것이 규칙적인 거지요. 그래서 앞서 보았던 사극 투의 말들이 모두 맞춤법에 어긋나는 거랍니다. 그렇다면 여기서 또 질문을 해 보세요. '오다'와 '가다'가 '너라/거라'를 쓰는 불규칙 동사라는 점, 그래서 이 단어들 이외에는 '거라'나 '너라'를 쓰면 안 된다는 점에 대해 말했잖아요. 그럼 여기서 우리가 더 논의해야 할 것은 뭘까요? 아래 문장을 보세요.

- 수업이 끝났으니 이제 그만 가라*.
- 내일 다시 와라*.

현행 맞춤법으로 보면 앞의 문장들은 잘못된 거지요. 이 지점에서 이상하게 느끼시는 분들이 계실 거예요. 분명 '오라'나 '가라'와 같은 문장을 본 적이 있다는 생각 때문이지요. 그럴 때에는 과감히 저항해야 합니다. 그리고 저항할 때는 예를 찾아내어 불만을 제기해야 한답니다. 그래야 분명히 이해할 수 있거든요. 예를 들어 보지요.

- 선생님께서 이제 그만 가라고 하셨다.
- 선생님께서 내일 다시 오라고 하셨다.

이 문장들은 모두 명령을 직접 나타낸 것이 아니라는 점 짚어내셨나요? 즉 '오라/가라'가 연결된 것이 아니라 '오/라고, 가/라고'로 분할된 것이랍니다. 즉, '오다', '가다'에 '아라, 어라'가 붙은 것이 아니라는 것이지요. 겉모습이 같다고 해서 그 알맹이의 연결도 같은 것은 아니랍니다.

선생님께서 이제 그만 가라고 하셨다.　　선생님께서 내일 다시 오라고 하셨다.

간접 인용　　　　　　　　　　간접 인용

때때로 이 '라고'에서 '고'가 생략될 수도 있기 때문에 혼동하는 것도 무리가 아니지요.

- 선생님께서 이제 그만 <u>가라</u> 하셨다.
- 선생님께서 내일 다시 <u>오라</u> 하셨다.

'가다', '오다'가 간접 명령문에서 '오라, 가라'가 보이는 이유를 이제는 아시겠지요? 그리고 이것은 실은 '오라, 가라'가 아니라 '오-라고', '가-라고'라는 점도요.

정리해서 기억하세요. 아랫사람에게 가거나 오라고 명령을 할 때는 '가거라', '오너라'를 쓴다. 이 단어들이 불규칙 동사들이기 때문이다. 하지만 간접 명령에서는 '오라고', '가라고'로 나타난다. 이렇게요.

👫 품위 있는 우리말   드리다의 남용

"부족한 제게 이렇게 큰 상을 주셔서 정말 <u>감사드립니다</u>. 더불어 대상을 받은 유재석 선배님! 정말 <u>축하드립니다</u>. 더 좋은 작품으로 <u>인사드릴게요</u>. 다시 한 번 감사의 <u>말씀드립니다</u>."

연말 시상식에서 흔히 들을 수 있는 표현이지요? 우리 역시 일상생활에서 흔히 쓰는 표현이고요. 말씀, 인사, 감사, 축하 등의 말에 '드리다'가 붙어서 하나의 단어를 이룬 예들입니다. 언뜻 보기에 큰 문제는 없어 보이는데 한번 살펴볼까요? 먼저 '드리다'라는 동사를 보세요.

- 부모님께 선물을 <u>드렸다</u>.
- 이장님에게 공로패를 <u>드렸다</u>.

'드리다'는 말은 '주다'의 높임말입니다. 그런데 '말씀드리다, 인사드리다'의 '드리다'는 '주다'의 의미를 온전히 가졌다기보다는 '공손한 행위의 뜻을 더하여 동사를 만드는 접미사'의 역할을 합니다. 그래서 이 단어들의 구성은 아래와 같이 구성할 수 있어요.

위의 단어들이 맞춤법에 어긋난다고 말하기는 어렵습니다. 하지만 '축하드리다, 감사드리다'라는 되도록 사용하지 않기를 권장합니다. 누가 그러느냐고요? 맞춤법이 '단어 자체나 단어의 문장 속 쓰임'에 대한 규정이라면 상황에 알맞은 언어를 사용할 수 있도록 권장 사항을 보인 것이 '표준 화법 해설'입니다. 여기서는 축하할 일에는 어느 경우에나 '(○○를) 축하합니다.'와 같이 인사하도록 권하고 있습니다. 왜 그럴까요?

일단 '감사'라는 말 자체가 '자신이 고맙게 느끼고 축하하는 일'이라서 남에게 준다는 말이 어색하다는 점을 지적합니다. 그래서 아래와 같이 표현하는 것이 더 자연스럽다고 보는 것이지요.

- 감사의 마음을 전합니다.
- 진심으로 축하합니다.

그러면 우리는 왜 '감사합니다', '축하합니다'라는 말 대신 '감사드립니다', '축하드립니다'를 더 쓰고 싶은 것일까요? '~드립니다'라는 말이 상대방을 더 높이는 느낌을 갖기 때문이에요. 여러분의 마음은 이해하지만 단어를 구성하는 요소들이 부자연스럽다니 사용을 자제하는 것이 좋겠지요.

맞춤법 표기로는 문제가 없지만 어떤 상황에서는 사용해서는 안 되는 표현도 있습니다.

- 수고하셨습니다[*].
- 수고하십니다[*].

이 '수고'라는 말은 동년배나 아랫사람에게 인사할 때 사용하는 말입니다. 어떤 업무나 행사가 끝났을 때 '수고하셨습니다'라고 인사하거나 누군가 업무나 행사를 진행 중일 때, '수고하십니다'라고 인사할 때는 듣는 사람과 말하는 사람의 관계를 잘 보아야 합니다. 좋은 마음으로 인사를 하면서 상황에 알맞지 않은 말을 하여 뜻하지 않게 낭패를 보는 경우도 왕왕 있답니다. 언어는 의사소통의 도구잖아요. 자신의 진심이 제대로 잘 전달될 수 있도록 상황을 제대로 이해하여 말하는 것도 원활한 의사소통을 위한 노력 중의 하나랍니다.

4

국어 실력의 다크호스, 띄어쓰기

띄어쓰기의 핵심은 단어

국어의 띄어쓰기 원리는 매우 간결하고 단순합니다. 이 간결함은 맞춤법 총칙의 문장에서 확인할 수 있어요.

> **제2항** 문장의 각 단어는 띄어 씀을 원칙으로 한다.

하지만 우리는 띄어쓰기가 위 문장만큼 단순하지 않음을 느끼게 됩니다. 이렇게 간단한 문장으로 표현된 원리가 왜 그렇게 어렵게 느껴지는 것일까요? 어려움의 출발점은 여기입니다. 원리는 단순하지만 적용은 복잡하다는 점. 왜 그런 일이 일어나는 걸까요? 우리가 문장 속에서 띄어 써야 할 '단어'라는 것이 무엇인지가 간단하지 않기 때문입니다.

맞춤법에 규정된 단어라는 것이 도대체 뭘까요? 우리는 이 문제에 대해 이미 논의한 바 있어요. '머릿속 사전'이라는 말 기억하시지요? 머릿속 사전에 하나의 단위로 저장된 것들이 단어입니다. 그런데 머릿속의 단어들을 우리가 확인한다는 것은 어려운 일일 수밖에요. 그러니 글을 쓰면서 이게 하나의 단위인지 아닌지를 확인하는 과정을 거쳐야 띄어쓰기를 제대로 해 낼 수 있는 거예요. 이것 역시 단순한 문제는 아닙니다. 일상에서 많은 단어를 쓰고 있지만 우리는 그것이 한 단어인지 여러 단어의 연결인지를 판단하고 사는 것은 아니니까요. 문서를 만들 때가 되어서야 비로소 고민하게 되는 거예요. 이래저래 띄어쓰기는 글쓰기를 하는 사람들에게 고민거리가 될 수밖에 없습니다. 그렇다면 방법은 없는 것일까요?

낙담하긴 일러요. 띄어쓰기의 적용 역시 일정한 규칙이 있거든요. 그 규칙의 특성을 명확히 이해하면 조금씩 어려움을 극복할 수 있습니다. 원리를 알고 명확히 이해한 것이 오래 기억되고 제대로 적용될 수 있다는 점 다시 기억하세요. 그래서 우리는 원리를 중심으로 띄어쓰기의 어려움을 극복해 가려고 합니다.

먼저 띄어쓰기 문제를 해결하기 위한 방법을 소개할게요. 띄어쓰기를 잘하고 싶다면 일단 많은 사람들이 어떤 지점에서 오류를 보이는지를 살필 필요가 있어요. 즉, 틀리는 띄어쓰기의 유형을 파악하는 것이죠. 사람들이 많이 틀리는 데는 이유가 있거든요. 그래서 띄어쓰기 오류의 유형을 보면서 왜 그런 오류가 생기는지에 대해서 설명해 드리려고 해요. 여러분은 자신의 띄어쓰기 유형을 만들어 가세요. 스스로 어느 지점에서 오류가 생기는지 알아야 그 부분에 보다 신경을 쓸 수 있게 되고 오류를 줄일 수 있게 되는 것이랍니다.

조금 기쁜 소식은 앞서 배웠던 여러 가지 설명들 중에 띄어쓰기의 원리와 관련된 것들이 많다는 점입니다. 그래서 이번에도 '머릿속 사전'이나 '품사', 그리고 '어미'와 같은 말들을 사용할 거예요. 문법을 제대로 익히는 방식은 동일한 원리를 다양한 사례에 적용하는 것이랍니다. 일단 어렵다는 생각을 버리고 시작하는 것이 중요하다는 점은 여러 번 말씀드렸지요. 그럼 가벼운 마음으로 시작해 볼까요.

공부하다 vs 공부 하다*

'공부하다'가 맞을까요? '공부 하다*'가 맞을까요? 흔히 발견되는 오류 중의 하나입니다. 왜 이런 오류가 특히 많은 걸까요? 일단 우리말에 '하다'가 붙은 단어들이 아주 많다는 점도 이유 중의 하나일 거예요. 아주 조금만 생각해도 이와 관련된 단어들을 무수히 생각해 낼 수 있어요.

- 사고하다, 판단하다, 주장하다, 규정하다, 민망하다, 고찰하다, 퇴조하다, 소중하다
- 조인 join 하다*, *플레이 play 하다*, 웹서핑 web surfing 하다

심지어는 영어 단어에 '하다'를 붙인 새로운 단어들도 만들어져

쓰입니다. 물론 이 단어들은 사전에 등재되지 않습니다. 하지만 위의 단어들이 보여 주는 사실에는 주목하셔야 합니다. "한국어에서 '하다'는 정말 많은 단어들을 만들어 낼 수 있구나." 이 생각 속에 우리가 주목해야 할 사안이 있습니다. '단어를 만들어 낸다'는 말이요. 여기서 '하다'가 단어를 만들어 낼 때 주요 의미는 어디에 있는지 살펴 보세요. 예를 들어 '웹서핑web surfing*하다'에서 실제 의미는 어디에 있나요? '웹서핑web surfing*'에 있지요. '하다'는 어떤 역할을 했나요. 네, 이 웹서핑을 동사로 만들어 주는 역할을 하였습니다.

그러면 '공부하다'와 유형이 같은 '사고하다, 판단하다' 등의 단어들의 정체에 대해 말할 수 있는 준비가 되었습니다. 이 단어들의 주요 의미는 '공부, 사고, 판단' 등이고요. '하다'는 이들 단어들을 동사나 형용사로 바꾸어 주는 역할을 하고 있습니다. 즉, 위에서 보인 단어들은 모두 파생어(어근+접사)라는 것이지요. 이 단어가 파생어라면 여기에 쓰인 '－하다'는 접사로 새로운 단어를 만들 때 어근에 붙은 요소가 됩니다. 접사는 당연히 앞의 말에 붙여 써야 하는 거고요.

한국어의 '－하다'와 같은 구성에서 앞에 '명사'가 오면 붙여 쓰는 것이 거의 일반적입니다. 왜 이런 장담이 가능할까요? 앞서 여러분이 한 생각에 답이 들어 있습니다. "한국어에서 하다는 정말 많은 단어들을 만드는구나." 현대 한국어에서 '－하다'는 왕성하게 단어를 생산해 내는 힘을 가졌습니다. '웹서핑web surfing*'에서 보듯이 외국어를 어근으로 하여 단어를 만들기도 하니까요.

여기서 아주 중요한 질문이 하나 제기되어야 합니다. 이미 이런 의문을 품은 분들이 많을 것으로 보입니다. '공부하다'는 '공부를 하다'의 준말이니까 '공부 하다'로 써야 하는 것이 아닌가요? 다른 말 역시 '사고를 하다', '규정을 하다', '정리를 하다'이니까 띄어 쓰는 것이 맞는 거 아니냐고요. 적절한 질문입니다. 여러분이 '하다'가 붙은 단어를 띄어 쓰게 되는 원인이 준말이라고 생각하기 때문인 경우가 많습니다. 하지만 이 준말로 설명할 수 없는 '−하다'류의 동사나 형용사들이 많습니다. '소중하다, 고요하다, 신중하다, 명랑하다'와 같은 것들은 '공부를 하다'와 같이 분리할 수 없습니다. 즉, '소중을 하다, 고요를 하다, 신중을 하다'로부터 온 것이 아니랍니다. 그러니 이들을 분리해 쓰는 것이 맞춤법에 어긋나게 되는 것이에요.

그렇다면 현대 한국어의 '하다'를 세 개로 구분해 보여 드릴게요.

① 하다(동사): 일이나 행동을 이루다 등
② −하다(파생접사): −명사 등에 붙어서 동사나 형용사로 바꾸어 주는 역할
③ 하다(형용사): '많다'의 옛말

물론 ②번도 ①번에서 나온 말임에는 틀림이 없을 거예요. 하지만 '하다'의 ①번 의미가 ②번에 그대로 나타나고 있다고는 할 수

없어요. ②번은 이전에 가졌던 ①번의 실제 의미가 약해지고 단어를 만드는 접사의 역할이 더 중요해졌거든요. 실제 단어가 접사로 변화할 때 주로 이런 특성을 갖는답니다. '공부하다'를 파생어로 보는 이유는 '공부하다'에서 '공부'와 '하다'가 대등한 관계에 있다고 말하기 어렵다는 데 있어요. 현재 한국어에서는 실제 의미를 갖는 '하다'라는 동사보다 동사나 형용사를 만드는 접사인 '-하다'가 훨씬 왕성히 활동하는 것이 사실입니다. 명사뿐만 아니라 의성어나 의태어, 심지어 부사 뒤에 붙어 동사나 형용사를 만들기도 하거든요.

③은 이제는 거의 안 쓰이는 말이고요. ①은 공식적인 문서에서는 특히 많이 쓰지 않는 말이에요. 글을 쓸 때는 보다 구체적인 의미의 서술어를 쓰는 경우가 많으니까요. 문서 작업에서 주로 나타나는 단어들은 ②번의 접사가 붙은 파생어들입니다. 그런데 여러분이 문서 작업을 하면서 ②를 ①이라 착각하기 때문에 띄어쓰기 오류가 나타나는 것이지요. 이런 사정을 보았을 때, 파생어에서는 '-하다'는 접사이니 붙여 써야 한다는 것은 기억할 만한 주요 원리라 할 수 있지요.

뿐 vs 만큼 vs 대로

문장 속에서는 단어를 중심으로 띄어 쓴다고 했었지요. 한국어 문법에서 조사는 단어로 취급하지만 앞말에 붙여 쓰는 것이 원칙이에요. 이 말은 복잡해 보이지만 문제되는 것은 아닙니다. 한국어를 사용하는 사람들이 조사를 앞말에 붙여 쓰는 것 자체를 혼동하는 일은 그리 많지 않으니까요. 문제는 어떤 단어는 조사인지 아닌지 구분하기 어렵다는 데 있습니다. 만큼, 대로, 만, 뿐과 같은 것들이지요. 이 단어들은 띄어쓰기 오류를 많이 나타내는 대표적인 예들입니다. 왜 이런 단어들에 띄어쓰기 오류가 많이 나타날까요?

• 믿을 것은 오직 자신의 능력뿐이다.

• 그는 그냥 웃을 뿐 아무 말도 하지 않았다.

'뿐'은 '오직 그것만 그러하다'는 의미를 가지고 있는데요. 의미는 비슷해 보이지만 조사로도 쓰이고 의존명사로도 쓰입니다. 당연히 의존명사인 경우에 앞말과 띄어야겠지요. 문제는 우리가 일상에서 이 말이 조사인지 의존명사인지 일일이 구별하면서 글쓰기를 하지 않는다는 데 있어요. 그렇다면 이 둘을 어떻게 구분해야 할까요?

먼저 의존명사의 특성을 이해해야 합니다. 의존명사라는 것은 반드시 앞에 꾸미는 말을 요구하지요. 그 꾸미는 말이 없이 문장에 나타나지 못하니까요. 그런데 의존명사를 꾸미는 요소는 대개 동사나 형용사들입니다. 원래 이들은 명사를 꾸미는 품사가 아닙니다. 그러니 '어미'의 도움을 받아야 하지요. 그 어미를 확인하는 것이 띄어쓰기 오류를 줄일 수 있는 비결이에요. '사다'라는 동사로 '책'을 꾸며 보세요. 어떤 어미의 도움을 받아야 하나요?

여기서 명사를 꾸미기 위해 들어간 '–는 / –ㄴ / –ㄹ'을 확인하면 띄어쓰기를 제대로 해 낼 수 있어요. 이들이 들어갔다는 것은 뒤

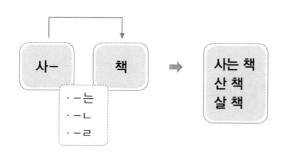

의 명사를 꾸몄다는 의미이고요. 뒤의 요소가 명사라면 앞말과 떼어 써야 한다는 의미이니까요. 예문으로 연습해 보면 쉬울 거예요.

- 내가 어려워하는 과목은 ① 수학뿐이다.
- 나는 그저 열심히 수학을 ② 공부할 뿐이다.

'뿐'에 주목하시고 그 앞에 놓인 말을 보세요. ①은 '수학'이라는 명사가 놓였네요. 이 경우, '뿐'은 조사입니다. 앞말이 명사인지 아닌지를 구분하는 것은 자신 있잖아요. 명사나 대명사, 수사라면 붙이세요. 반면 ②는 어떤가요? '공부하다'는 동사이군요. 동사가 명사를 꾸미려고 'ㄹ'이 들어간 것이 보이시지요. '뿐'이 명사이니까 이를 꾸미기 위해 'ㄹ'이 들어간 것이지요. 이런 경우는 앞말과 띄우는 것입니다. 이 원리는 '만큼, 대로, 만'과 같은 단어들에도 그대로 적용된답니다.

- 나는 나대로 할 일이 있어.
- 지칠 대로 지친 상태라 어쩔 수 없다.

'나'가 대명사이니 뒤에 붙은 '대로'는 조사입니다. 앞말에 붙여 쓰시면 됩니다. 두 번째 문장의 '대로'는 '지치다'라는 형용사에 'ㄹ'이 붙어 있네요. 뒤의 것이 명사라는 것을 확인할 수 있는 표식입니다. 띄어 쓰세요.

- 한국어 <u>문법만큼은</u> 해결이 안 되네요.
- 열심히 <u>노력한 만큼</u>의 성과를 얻으실 거예요.

　'만큼'의 앞에 놓인 '문법'과 '노력하다'를 보고 띄어 써야 할지 말지를 결정하세요. '노력하다'가 '만큼'이라는 명사를 꾸미려고 'ㄴ'을 취한 것이 확인되시지요?

만

'만'이라는 단어 역시 조사로도 쓰이고 의존명사로도 쓰이는 말입니다. 이들 띄어쓰기를 구분하는 방법 역시 '대로, 만큼, 뿐'과 크게 다르지 않아요.

- 우리 팀은 나만 잘 하면 돼요.
- 문법은 공부할 만한 과목입니다.

'나'라는 대명사 뒤에 '만'은 조사이므로 붙인 것이고요. '공부하다'라는 말에 붙은 'ㄹ'은 뒤의 말이 의존명사라는 것을 나타내 주지요. 이 둘의 구분은 그렇게 어렵지 않아요. 그런데 이 단어는 조금 더 복잡해요. 다른 의미를 가진 '만'이 더 있거든요. 어떤 것이 있는지 정리해 보기로 하지요.

① 만(조사): 제한하고 한정함을 나타내는 보조사
② 만(의존명사): 앞 말의 내용에 타당한 이유가 있음을 의미
③ 만(명사): 시기나 햇수가 꼭 차게 헤아리는 말
④ 만(의존명사): 동안이 얼마간 지속되었음을 의미

더 복잡해졌다고요? 정리는 쉽게 이해하려고 하는 것이잖아요. 편견을 버리고 하나하나 생각해 보기로 해요. ①, ②는 앞서 본 예들이에요. '나만'이나 '공부할 만한'에 보이는 '만'이지요. ③, ④의 예들은 무엇을 나타내는지 확인해 보지요. 여러분에게 낯설지 않은 예들이니 걱정은 마시고요.

• 만 삼 개월이 되었다.
• 삼년 만에 다시 만나게 되었다.

'만'의 띄어쓰기를 다소 복잡하게 만드는 것이 위의 '만'입니다. 첫 번째 문장과 두 번째 '만'의 의미 역시 일상에서 흔히 쓰이는 단어들입니다. 이 단어들은 각각 ③, ④의 의미로 쓰이며 모두 띄어 씁니다. 이들이 앞서 논의한 ①, ②의 의미와 다르다는 것도 아실 거예요. 여기에는 시간이 들어 있지요. 우리가 띄어쓰기 등의 문법을 공부할 때 단순화하면 안 된다는 말을 한 적이 있습니다. 그 말을

한 이유가 여기에 있어요. 일반적으로 띄어쓰기를 다룰 때는 ③, ④의 문제는 논의하지 않기 때문에 명사 뒤에서는 붙이고 '-ㄴ, -ㄹ, -는' 뒤에서는 띈다고 단순화해 버리는 일이 흔합니다. 그렇게 외우면 위의 '삼년만'을 붙여 쓰는 일이 생기게 되겠지요. 그러면 뜻이 달라지게 됩니다.

- 삼년 만에 다시 만나게 되었다.
- 삼년만 기다려 달라고 부탁했다.

위의 두 문장에서 '만'이 전혀 다른 의미인 것을 아시겠지요. 좁은 범위의 지식을 외우기만 하면 변수들에 대응하기 어렵습니다. '만'과 관련된 다른 변수 하나를 볼까요?

- 먹고는 싶다만.
- 나이는 들었지만 마음은 청춘이다.

누군가 이렇게 질문할 수 있어요. 설마 이런 띄어쓰기를 틀리겠느냐고요. 좋은 질문이에요. 그런데 특정 원리를 범위를 생각하지 않고 외우면 이런 것에도 무리하게 적용하게 되는 문제가 발생한다는 점을 가르쳐 드리고 싶어서 예문을 제시했습니다. 위의 두 예문은 앞말과 뒷말이 대조적 관계를 이룰 때 사용하게 되는 요소들입니다. 말의 맨 끝에 오는 '만'은 앞말을 인정하면서도 그에 대한 의문이나 반대 상황을 고려하는 보조사입니다. 주로 '마는'으로 나타나는 단어이지요. 당연히 붙여 씁니다.

마지막 문장은 '만'의 문제가 아니라 '−지만'과 관련된 것입니다. 아래의 구조를 가진 문장이지요.

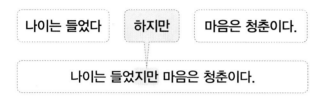

우리가 단순히 띄어쓰기와 관련된 조사와 어미 '만'에만 주목하면 비슷한 모습을 가진 다른 의미의 '만'들과 다시 혼란이 빚어질 수밖에 없겠지요. 맞춤법에 대한 단순화가 위험하다는 점을 꼭 기억하셨으면 해요. 보다 큰 범위와 연관시켜서 거시적으로 보는 힘을 키우는 것이 문법 공부에서도 도움이 된답니다.

먹는데 vs 먹는 데

'먹는데'와 '먹는 데'를 명확히 구분하여 쓰지 못하는 분들이 아주 많아요. 여러분이 생각하는 것보다 훨씬 많이 틀리는 띄어쓰기 예이지요. 심지어 이 띄어쓰기가 어렵다는 것을 못 느끼시는 분도 있을 수 있어요. 이런 경우 여러분이 만드는 문서에는 이에 관련된 오류가 많아지게 됩니다. 그러니 일단 이 문제에 관심을 갖고 살펴보기로 해요.

일단 주목할 것은 '먹는데'와 '먹는 데'는 모두 맞춤법에 맞는 표기라는 점. 그렇다면 두 띄어쓰기의 쓰임이나 의미가 다르다는 것이겠지요. 도대체 무엇이 어떻게 다를까요. 예문으로 살피는 것이 쉽습니다.

①

- 내가 밥을 <u>먹는데</u> 그가 이야기를 시작했다.
- 그는 그렇게 <u>애쓰는데</u> 성과가 나오지 않는다.

②

- 내가 <u>먹는 데</u>에 그가 고춧가루를 뿌렸다.
- 중요<u>한 데</u>는 특정 표식으로 구별해 두는 것이 좋다.

①, ②의 차이점을 눈치 채셨나요? 구분이 쉽지 않죠? 괜찮습니다. 구별을 조금 더 쉽게 하기 위해서는 두 문장의 의미 차이에 주목해야 해요. 이를 위해 이들 문장이 어디로부터 왔는지를 그려 보기로 해요.

| 내가 밥을 먹었다 | 그런데 | 그가 이야기를 시작했다. |

내가 밥을 먹는데 그가 이야기를 시작했다.

①번 구조는 위와 같이 표시할 수 있어요. '는데'가 문장과 문장을 연결해 주는 역할을 하고 있지요. 하지만 ②번에는 조금 다른 요소가 개입합니다.

②번 그림의 '거기에'에 주목해 보세요. 이 '거기'의 의미를 '데'가 갖는 거예요. 정리해 봅시다. 띄어쓰기를 하지 않은 '먹는데'는 문장과 문장을 연결한 것이고요. 띄어쓰기를 한 '먹는 데'는 공간이나 장소의 의미가 들어 있는 것이지요. 그래서 이를 띄어야 할지 말아야 할지가 고민될 때는 '데'에 '에' 등의 조사를 붙여 보면 쉽게 구별할 수 있습니다.

- 내가 밥을 <u>먹는데에</u>* 그가 이야기를 시작했다.
- 내가 <u>먹는 데에</u> 그가 고춧가루를 뿌렸다.

한국어의 띄어쓰기는 단어를 중심으로 하잖아요. 여기서 '데'는 어미가 아닌 하나의 단어입니다. 이 단어의 품사는 의존명사입니다. '거기, 곳' 등의 장소의 의미를 가지기 때문에 명사입니다. 그래서 조사를 붙여서 명사가 아닌 '-데'와 구분할 수 있는 것이에요. 의존명사 '데'가 쓰인 예를 보면서 '장소'의 의미가 있는지 확인해 보시고요. 조사가 붙을 수 있는지도 확인해 보세요.

- 그는 <u>의지할 데</u> 없는 사람이다.

200

- 예전에 가 본 데가 어딘지 잘 모르겠다.
- 물은 높은 데서 낮은 데로 흐른다.

⦿ '지'의 띄어쓰기

'지' 역시 '데'와 비슷한 유형의 단어입니다. 의존명사인 '지'도 있고 어미인 '-지'도 있기 때문에 띄어야 할지 말지를 혼동하게 되지요. 이 둘을 구분하는 방법 역시 '데'와 동일합니다. 다만 의존명사 '데'는 장소의 의미를 가진 반면 의존명사 '지'는 '시간'의 의미를 가지고 있어요. '어떤 일이 있었던 때로부터 지금까지의 사이'라는 의미로 쓰이지요. 그러니 '지'가 시간의 의미를 가졌는지를 확인하고 조사를 붙여서 문장이 되는지를 확인하면 띄어 쓸지 말지를 판단할 수 있게 됩니다.

〈의존명사〉

- 공부한 지 5년이 되었다.
- 4월로 접어든 지 며칠 안 돼 그 일이 일어났다.
- 소식이 끊긴 지 3개월이 되었다.

〈연결어미〉

- 잘 있는지 궁금하다.
- 공부하지 말란 말이다.
- 공부할지 말지는 내가 결정할 일이다.

나랑 같이 vs 나같이

아래에 '같이'라는 표현이 쓰인 문장 3개가 있어요. 모두 띄어쓰기가 올바른 문장이랍니다.

- 나랑 <u>같이</u> 가자.
- 선생님이 하는 것과 <u>같이</u> 해 보세요.
- 방이 얼음장<u>같이</u> 차다.
- 나는 그 말에 감쪽<u>같이</u> 속았다.

어떤 '같이'는 앞말에 붙여 써야 하고 어떤 '같이'는 앞말과 띄어 써야 할까요? 첫 번째 문장은 조금 쉽습니다. 이 단어는 '함께'라는 단어와 동일한 의미거든요.

- 나랑 <u>같이</u> 가자.
- 나랑 <u>함께</u> 가자.

'함께'는 동사를 꾸미는 부사이지요. '함께'와 동일한 의미로 쓰이는 '같이' 역시 마찬가지입니다. '같-+-이'가 부사가 되었네요. 그렇다면 '-이'가 한 역할은 무엇인가요? 부사를 만들어 주는 역할을 했네요. 이 단어는 아래의 구조로 된 하나의 단어입니다.

하나의 단어니까 앞말과 떼는 것이 맞겠네요. 두 번째 문장의 '같이' 역시 위의 구조와 동일한 단어입니다. '앞에서 보인 것과 동일하게'라는 의미를 갖는 부사입니다. 여기에 쓰인 '-이' 역시 부사를 만들어 주는 역할을 하고 있어요. '같이' 자체가 하나의 부사이면서 단어이니 앞말과 떼어 쓰는 것이 맞겠네요.

어려운 것이 세 번째 문장의 '같이'와 네 번째 문장의 '감쪽같이'입니다. 먼저 앞말에 붙여 쓰는 '-같이'에 대해 알아보기로 하지요. 어떤 단어가 문장 속에서 많이 쓰이다 보면 자신이 가진 의미 부분을 상당히 많이 잃고 문법적인 역할만 하게 되는 경우가 있어요. 좀 어려운 말이네요. 예를 들어 보면 한결 쉽습니다. 여러분 '부터'라는 조사를 아시지요?

- 부모<u>부터</u> 잘 해야 아이가 그것을 보고 배운다.

이 말이 조사라는 것과 앞말에 붙여 써야 한다는 것은 익숙하시지요? 그런데 이 말은 사실 '붙다'라는 단어로부터 온 말입니다. '붙 – + – 어'라는 말이 문장 속에서 쓰이다가 어느 시기에 '붙다'라는 의미는 잃어버리고 앞말과 뒷말의 관계를 짓는 역할을 더 많이 하게 된 것이에요. 국어에서 관계를 지어 주는 품사가 '조사'라는 점을 여기서 떠올려 주세요. '부터'는 오늘날 완전히 조사로 변하여서 이전 의미인 '붙다'와는 의미상 거리가 생긴 거예요. 원래 '붙다'의 의미는 잃고 출발 지점(영어로 말하면 from)을 나타내는 역할을 하게 되었지요. 이와 동일한 길을 걷고 있는 것이 오늘날의 '같이'입니다. 원래 '같다'라는 단어는 '다르지 않다'라는 의미의 형용사입니다. 영어로 말한다면 'is same'이랄까요. 그런데 아래 어구들에 쓰인 '같이'는 '~처럼'의 의미를 갖습니다. 역시 영어로 말한다면 전치사 'like'처럼 쓰이는 거지요.

- 얼음장같이 차가운 방바닥
- 눈같이 흰 박꽃
- 소같이 일만 하다.

앞의 단어들이 '얼음장과 동일하게', '눈과 동일하게', '소와 동일하게'라는 의미는 아니거든요. '앞서 보인 단어들의 속성처럼'이라는 의미지요. 그래서 이 단어 '같이'를 조사로 지정한 것이랍니다. 조사는 단어입니다. 하지만 조사는 앞말에 붙여 쓴다는 점도 아시지요. 이 예문에 나타난 것과 같은 '같이'는 항상 앞말에 붙여 써야 하니 주의하세요. 이 이외에 '같은, 같을'은 아직 형용사이기 때문에 앞말과 띄어 써야 해요. 그것도 함께 기억해 두세요.

- 그녀는 천사와 <u>같은</u> 마음씨를 가졌다.

마지막으로 '감쪽같이'를 볼까요? 결론부터 말하면 이 말은 하나의 단어입니다. 당연히 붙여 쓰겠죠. 문장 속에서 쓰이는 말들이 그 언어를 쓰는 사람들에게 아주 많이 사용되어 힘을 얻으면 하나의 단어가 되어 머릿속에 저장된다고 말씀드렸죠. '감쪽같이'나 '똑같이'와 같은 단어들이 그런 단어입니다. 여러분의 머릿속 사전에는 이렇게 세 개 이상의 구성원으로 이루어진 단어들도 꽤 많답니다. '감쪽같이'나 '똑같이'라는 단어의 구조는 아래와 같아요.

여기서 나올 질문은 그게 단어가 되었는지 어떻게 아느냐는 것이겠네요. 정말 좋은 질문이지만 아주 어렵기도 해요. 이전의 의미와 차별되는 의미를 새로 얻게 되면 하나의 단어가 되었다고 할 수 있는데 그걸 판단하는 것이 국어학자들이 하는 일이지요. 여기서 통과된 단어들이 사전에 실리고요. 위의 두 단어는 사전에 이렇게 실려 있답니다.

똑같이 [부사] 1. 모양, 성질, 분량 따위가 조금도 다른 데가 없이. 2. 모양, 태도, 행동 따위가 닮아 아주 비슷하게. 3. 새롭거나 특별한 것이 없이.
유의어: 한결같이, 골고루

감쪽같이 [부사] 꾸미거나 고친 것이 전혀 알아챌 수 없을 정도로 티가 나지 않게.

7

못하다 vs 못 하다

한국어에서 '못'과 '안'은 문장 속에서 부정의 뜻을 나타낼 때 쓰는 부사들입니다. '못'이 능력에 대한 부정이고 '안'은 의지에 대한 부정이라는 점은 이미 많이들 알고 계실 거예요.

- 그녀는 술을 마신다. ⟺ 그녀는 술을 못 마신다.(능력 부정)
  ⟺ 그녀는 술을 안 마신다.(의지 부정)

그런데 능력과 관련된 '못'이라는 부사를 뒤따르는 동사와 붙여 써야 하는 경우도 있고 띄어 써야 하는 경우도 있어 당황스러울 때가 있어요.

- 그녀는 노래를 못한다.
- 그녀는 노래를 못 한다.

위의 두 문장 중에 띄어쓰기가 올바른 것은 어떤 것일까요? 실은 두 개가 모두 가능합니다. 하지만 일반적으로는 첫 번째의 띄어쓰기가 옳다고 봐야 합니다. 이것은 무슨 말인지를 좀 자세히 풀어 보기로 하지요. 우리가 '그녀가 노래를 못한다'고 했을 때 어떤 의미로 그 말을 쓰는지를 생각해 보세요. '노래 실력이 없다'는 의미로 쓰이지요. 이럴 때는 '못'과 '하다'가 합쳐져서 새로운 의미의 단어가 되었기 때문에 붙여서 써야 합니다. 그리고 이것이 일반적으로 쓰이는 의미입니다.

그런데 앞에서 '못 한다'도 가능하다고 했었지요. 상황을 가정해 봅시다. 노래방에 갔어요. 그녀가 노래를 예약했는데 그 노래가 시작되기 전에 노래방 시간이 끝났어요. 그녀는 노래를 하지 못하겠지요. 이 상황이라면 '그녀는 노래를 못 한다'로 표현하는 것이 맞습니다. 이때는 '그녀는 노래를 하지 못한다'로 바꾸어 쓸 수도 있어요. 못 하다를 띄어 써야 하는 대표적인 경우가 아래의 예문이에요.

- 장염 때문에 어제 일을 <u>못 했다</u>.

위와 같이 '일을 하지 못하다'처럼 동작을 할 수 없음의 의미가 분명한 경우에는 두 단어를 띄어야 합니다. 이와 달리 '못'이 갖는 '부정not'의 의미가 약화되고 '일정한 수준에 못 미치거나 할 능력이 없다'의 의미로 변화되었을 때 비로소 하나의 단어가 되었다고 판단하여 붙여 쓰는 것이지요. 아래에 쓰인 예시처럼요.

- 술을 못하다.
- 질문에 답을 못하다.
- 가장 구실을 못하다.
- 건강이 젊은 시절만 못하다.
- 공부를 못하다.
- 졸업을 못하다.

이렇게 서술어를 목적어와 함께 익히는 방식은 단어에 대해 보다 절실하게 이해할 수 있다는 점에서 유용하답니다. '못하다'의 띄어쓰기에서 특히 붙여 써야 하는 예들이 있어요. 아래를 보세요.

- 기가 막혀 말을 잇지 <u>못했다</u>.
- 바빠서 그 행사에 참여하지 <u>못했다</u>.
- 어려운 사람 앞이어서 편안하지 <u>못하다</u>.
- 그런 행동은 아름답지 <u>못하다</u>.

앞서 보인 예문과 달라진 것이 뭔지 확인해 보세요. 네, 이 문장에서 '못하다'는 단순히 앞의 서술어를 부정하는 역할을 하고 있습니다. 이렇게 '못하다'를 써서 앞의 문장을 부정하는 경우에 '못하다'를 항상 붙여 써야 한다는 점도 기억해 주세요.

8

책인걸 vs 책인 걸

'책인걸'이 맞춤법 표기에 맞을까
요? '책인 걸'이 맞을까요? 두 가지 표기가 다 나타날 수 있어요.
물론 환경은 다릅니다. 이 둘이 어떻게 차이가 나는 것인지를 살펴
보기로 해요. '책인 걸'을 띄어 쓰는 상황부터 볼까요?

- 이것이 네게 소중한 책인 걸 내가 몰랐겠냐?
- 나는 네가 그 대학 학생인 걸 이미 알고 있었어.

이 예문에 나타난 '걸'은 '것을'의 준말입니다. 말하는 상황에서
'것'은 '거'로 줄어져 나타나는 경우가 많거든요. 아시다시피 '것'
은 한국어의 대표적인 의존명사입니다. 위의 예문은 '책'이라는 명

사가 '것'을 꾸미기 위해 서술격 조사 '이다'가 붙은 예입니다. 격
조사라는 말은 자격을 주는 조사라는 뜻입니다. 명사를 서술어처
럼 사용하기 위해 '이다'가 붙은 것입니다. '이다'는 뒤의 것을 꾸
미기 위해 'ㄴ'이 붙은 것이고요. 앞서 우리는 '뿐, 대로, 만큼, 만,
데, 지'의 띄어쓰기를 보았습니다. 위의 '책인 걸'은 이들 의존명사
의 띄어쓰기와 그 원리가 같습니다.

　그렇다면 '책인걸'처럼 띄어쓰기를 하지 않는 예들은 위의 의존
명사와 무엇이 다를까요?

- 그 앤 아직 어린앤걸.
- 차는 이미 떠난걸.
- 그때는 누구나 다 그렇게 산걸.
- 어젯밤에 미리 자 둘걸.

　위의 '것을'의 준말과 가장 차이가 나는 점이 무엇인지를 찾아내
보세요. 일단 이들 '걸'은 문장의 마지막에 옵니다. 문장의 맨 끝에
오는 것은 어떤 역할을 할까요? 문장을 끝맺는 역할을 하지요. 그
래서 위의 문장들의 마지막에 오는 요소인 'ㄴ걸'이나 'ㄹ걸'은 종
결어미입니다. 앞의 의존명사에 목적격 조사가 온 것과는 구조가
다른 것이지요. 이런 설명에 대해 두 가지 질문이 가능해요.

　첫 번째 질문은 위의 예문들의 뒤에 다른 요소가 올 수도 있다
는 것입니다. 그러니 이들을 종결어미로 보지 않을 수 있다는 것이

지요. 맞아요. 실제로 띄어쓰기를 하지 않는 'ㄴ걸'이나 'ㄹ걸' 뒤에 다른 요소가 올 수도 있습니다.

- 그 앤 아직 어린앤걸 뭐.
- 차는 이미 떠난걸 뭐.

하지만 마지막의 '뭐'는 생략될 수 있는 요소이기 때문에 앞의 요소의 특성에 크게 영향을 미치지는 않지요. 즉, '뭐'가 왔다 할지라도 'ㄴ걸'이나 'ㄹ걸'의 종결어미적 요소가 사라지지 않는다는 것이지요. 이제 두 번째 질문이 떠오르셨나요? 두 번째 질문은 보다 본질적인 것일 수 있어요. 'ㄴ걸'이나 'ㄹ걸' 역시 'ㄴ 것을', 'ㄹ 것을'과 같이 보면 안되는 이유가 무엇이냐 하는 것입니다. 이렇게 생각하면 위의 '책인 걸'과 동일하게 생각할 수 있으니 띄어쓰기의 어려움이 훨씬 줄어들 거예요. 그러니 정말 좋은 질문인 것이지요. 실제로 이 'ㄴ걸'이나 'ㄹ걸'은 'ㄴ 것을'이나 'ㄹ 것을'에서부터 왔을 가능성이 있습니다. 그런데 문제는 'ㄴ걸'이나 'ㄹ걸'은 'ㄴ 것을'이나 'ㄹ 것을'이 가지지 않은 새로운 의미를 가지고 있습니다. 어떤 의미인가요?

① 네가 이 학교 학생인 걸 몰랐어.
② 먼저 사과할걸.

의미상 어떤 차이가 있나요? ②번에는 ①번에는 없는 의미가 들어 있습니다. 일단 감탄의 의미가 들어 있고요. 또 지나간 일에 대한 후회가 담겨 있지요. ①에는 이런 의미가 들어 있지 않습니다. 그저 '모르다'라는 동사의 목적어로 쓰인 것이지요. 처음에는 'ㄹ 것을'로부터 왔다 할지라도 이것이 문장의 끝에 쓰이면서 '감탄이나 후회'를 담은 종결어미로 변화한 것이라 할 수 있어요. 뒤에 특정 동사가 나타나 이 'ㄹ걸'을 목적어로 취하지도 않고요.

①, ②의 차이를 주목하면 'ㄴ걸'이나 'ㄹ걸'과 관련된 띄어쓰기를 구별하기 쉽습니다. 'ㄹ걸'이나 'ㄴ걸' 뒤에 이들을 목적어로 취하는 동사가 나타나는가 그렇지 않은가로 확인할 수 있으니까요.

- 어차피 <u>책인걸</u>.
- <u>책인 걸</u> 알고 있었다.

'알고 있었다'라는 동사가 '책인 걸'을 목적어로 취하고 있네요.
이런 경우는 띄면 됩니다. 하지만 '어차피 책인걸'의 경우에는 이
를 목적어로 취하는 동사가 나타나지 않습니다. 이런 경우는 문장
을 종결하는 어미이므로 앞말에 붙이면 되는 거예요.

이외에 vs 이 외에

띄어쓰기를 하지 않은 '이외에'와 띄어쓰기를 한 '이 외에'는 모두 맞춤법에 맞는 표기입니다. 그리고 두 단어의 의미가 모두 '외外'라는 한자가 가진 '밖'의 의미를 갖기 때문에 흔히 혼동될 수 있어요. 하지만 이들 단어가 문장 속에 나타날 때의 특성을 이해하면 구별하기가 쉬워집니다. 먼저 띄어쓰기를 하지 않은 '이외에'에 대해서 알아볼까요? 아래 문장의 밑줄 친 '이외에'에 주목해 주세요.

- 지금으로서는 수술 이외에는 방법이 없다.
- 지금으로서는 수술 외에는 방법이 없다.

띄어쓰기를 하지 않은 '이외에'의 대표적인 특성은 앞에 명사와 함께 쓰이는 경우가 많다는 점입니다. 두 번째는 앞의 '이'를 생략해도 된다는 점이지요. 이 말은 무엇을 의미할까요? '이외에' 속의 '이'의 의미가 약하다는 것이겠네요. 실제로 '이외에'는 한자어 '이외以外에'로 '이'라는 한자가 별 의미가 없는 형식적인 요소입니다. 그래서 '이'를 생략하고 사용하여도 의미상의 손실이 별로 없습니다. 그래서 흔히 '외에'로 나타날 수 있답니다.

하지만 띄어쓰기를 해야 하는 '이 외에'는 '이'를 생략할 수 없답니다. '이'가 특정 역할을 하고 있기 때문에 생략할 수가 없는 거예요. 한국어 문장에서 '이'는 어떨 때 사용하나요? 네, 무엇을 가리킬 때지요. 그러니 '이 외에'의 경우는 반드시 앞에 가리키는 대상이 필요합니다.

- 연필과 공책을 가져왔어. <u>이 외에</u> 무엇이 더 필요하니?
- 연필과 공책을 가져왔어. <u>그 외에</u> 무엇이 더 필요하니?

그래서 '이 외에'서 '이'는 앞 문장의 '연필'과 '공책'을 가리킵니다. 그러니 생략할 수가 없는 것이에요. 또 '연필'과 '공책'을 가리키는 말이기 때문에 '이것'이나 '그것'으로 바꾸어 쓸 수도 있어요. 이 점을 기억하면 띄어쓰기를 하는 '이 외에'와 띄어쓰기를 하지 않는 '이외에'를 쉽게 구별할 수가 있는 것이지요.

- 필기도구 이외에는 가지고 들어갈 수 없습니다.
- 필기도구 이것 외에[*]는 가지고 들어갈 수 없습니다.
- 병실에 가족 이외의 사람은 출입을 제한합니다.
- 병실에 가족 이것 외의[*] 사람은 출입을 제한합니다.

위의 문장에서 보이듯이 띄어쓰기를 하지 않은 '이외에'의 '이'를 '이것'이나 '그것'으로 바꾸면 문장이 되지 않습니다. 재미있는 문장을 하나 만들어 보지요.

- 선글라스, 수영복, 카메라를 준비했어. 이 이외에 뭐 더 필요한 것 없니?

흔히 사용되는 말은 아니지만 이런 표기 자체가 불가능한 것은 아니에요. 이 문장을 보면 '이 외에'와 '이외에'의 차이를 분명히 알 수 있으시겠지요. '이'가 앞서 제시한 문장 속의 명사들을 가리킴과 동시에 '이것'으로 바꾸어 쓸 수 있다는 점이 확인되니까요. 어떤가요, 의외로 쉽게 이해되셨지요?

218

🚻 품위 있는 우리말   띄어쓰기도 효율적으로

여러분이 문서를 작성할 때 만나는 띄어쓰기 상황을 일일이 설명할 수는 없겠지요. 문서의 종류나 목적에 따라서 여러분이 만나게 되는 상황은 아주 다양할 테니까요. 그래서 띄어쓰기에 대한 큰 틀 몇 가지를 전해 드리려 합니다.

1. 단어는 띄어 쓴다.
2. 조사는 앞말에 붙여 쓴다.

이 두 가지는 앞서 지속적으로 강조했던 것들이군요. 띄어쓰기에서는 하나의 단어인지 단어와 단어의 연속인지를 확인하는 것이 중요하다고 했었지요. 예를 하나만 더 들어서 정리하고 갈게요.

큰＋아버지

| 아버지의 형 | → | 하나의 단어 | → | 붙여 씀 | → | **큰아버지①** |

↳ 지시대상 하나

| 아버지가 덩치나 키가 큼 | → | 두 개의 단어 | → | 띄어 씀 | → | **큰 아버지②** |

↳ 지시대상 둘: 크다, 아버지

②의 경우에는 '큰'과 '아버지' 사이에 다른 단어가 개입할 수 있답니다. 키가 큰 나의 아버지처럼요.

그런데 여러분이 문서 작업을 하다 보면 이런 띄어쓰기가 더 어렵다는 것을 확인할 수 있습니다.

- 소도시 중장기 개발 프로젝트 기획 목적과 방향 설정을 위한 제안서

이런 제목을 가진 문서를 만든다고 가정해 봅시다. 단어는 띄어 써야 하니까 위에 보인 예처럼 쓰는 것이 원칙입니다. 그런데요. 이 문서가 10장짜리라고 생각해 보세요. 이 문서 안에 '소도시 중장기 개발 프로젝트 기획 목적과 방향 설정'이라는 단어가 얼마나 많이 쓰이겠어요. 10번만 나온다고 쳐도 띄어쓰기만 무려 70개가 됩니다. 요새는 제안서의 분량을 제한하는 회사가 많거든요. 띄어쓰기 자체가 분량을 잡아먹는 것도 문서의 효율성을 약화시키는 요인이 되지요.

이때는 의미상의 연관을 갖는 것끼리 묶어서 표현하는 것이 가능합니다. 명사와 명사 간의 연결은 띄어 쓰는 것을 원칙으로 하되 붙이는 것도 허용하거든요. '중장기개발'이나 '프로젝트목적' 등의 단어를 붙여 쓸 수 있다는 말이지요. 그러면 빈칸이 줄어들기 때문에 효율성도 높이고 보다 풍부한 내용을 담을 수 있답니다. 여기서 주의해야 할 것이 일관성이에요. 문서의 어느 부분에서는 붙였다가 다음 장에서는 띄었다가 하는 것은 금물이라는 말씀이지요. 띄어쓰기를 할 때 일관성이 중

요하다는 사실을 명심하시고 문서의 최종 단계에 이를 꼭 확인하는 습관을 들여 두세요. 보잘것없어 보이지만 작은 차이가 완성도 있는 서류를 만든답니다. 더불어 신뢰 가는 인재로 인정받을 수도 있어요.

5

또 하나의 우리말,

한자어

보다 풍부한
언어생활을 위해

한자어는 우리말인가요? 우리 조상들은 한자어를 사용하여 다양한 문화적 자산들을 산출해 내었습니다. 다양한 사고의 결과물 역시 한자어로 표현되어 있고요. 이것이 한자어가 고유어보다 더 세분화된 이유입니다. 그 긴 역사적 사실을 무시하고 현재에 와서 우리말에서 한자어를 빼 버린다면 그러한 사고 영역 자체를 없애버리는 일이 될 것입니다.

우리는 우리가 생각하는 것보다 훨씬 많은 한자어를 사용하고 있습니다. 한자어를 빼 버리고 문서 작업을 한다는 것은 거의 불가능한 일일 정도로 말입니다. 한자어는 고유어로 표현하였을 때 아주 복잡하게 서술해야 할 것을 간결하게 표현할 수 있는 강점도 갖고 있습니다. 어차피 한자어가 우리말 속에 깊숙이 관여하고 있다면 이를 더 잘 익혀 언어 생활을 풍부하게 하는 것도 좋겠지요. 한자는 뜻 글자이기 때문에 한자어와 한자어의 관계를 잘 아는 것만으로도 어휘를 더 풍부하게 만들 수 있다는 강점이 있어요.

혼동되는 한자어들, 한자어인지 우리말인지 헷갈리는 것들을 살핌으로써 보다 정확하면서도 풍부한 언어 생활을 꿈 꿔 보기로 해요.

결재^{決裁} vs 결제^{決濟}

이렇게 두 단어가 있다는 것 자체에 깜짝 놀라신 분들도 있으시겠지요. 하지만 회사 업무에 익숙한 분들이라면 이 두 단어가 다른 뜻으로 쓰인다는 점이 그리 당황스럽지 않을 거예요. 생활 속의 단어들이니까요. 다만 요즘은 한자를 사용하는 경우가 별로 없기 때문에 두 단어가 같은 말이라고 생각하신 분들은 있을 수 있겠네요. 이 경우에는 상황을 명확히 구분해서 두 단어를 확인해 두라고 말씀 드리고 싶네요. 조직 생활에서는 중요하게 사용되는 단어들이거든요.

조직 사회에서는 엄격한 위계가 있잖아요. 그러니 아랫사람은 항상 윗사람에게 자신이 하고자 하는 일을 알리거나 허가 받을 필요가 있게 마련이지요. 이때 상관에게 안건을 제출하여 허가나 승

인을 받는 일을 '결재 받다'라고 합니다. '결제'가 아니라 '결재'라는 말임을 확인하세요. 우리가 헷갈리는 말 중에 'ㅔ'와 'ㅐ'가 끊임없이 등장하고 있다는 점은 이미 여러 번 확인하셨지요. 국어의 모음이 그렇게 바뀌는 중이기 때문입니다. '결재'의 '재裁'는 '옷감을 재단하다'의 '재'와 같은 한자입니다. 이 '裁'는 '일을 재단하다'의 의미로도 많이 쓰이는 한자랍니다. 상사가 제출된 안건의 옳고 그름을 판단하는 과정과 관련되는 한자이지요.

이 지점에서 '결재'와 '결제'가 구별되어 쓰여야 한다는 점을 아셨으리라 봅니다. '대금 결제'를 볼까요? 결재의 경우에는 상사가 조직의 상황에 따라 거부하거나 수정을 요청할 수 있지만 '결제'의

경우는 그렇지 않지요. 이 단어는 증권이나 대금을 주고받아 거래 관계를 끝낸다는 의미를 가집니다. 즉, 거부하거나 수정하는 상황은 포함되어 있지 않은 말입니다. 이 두 단어가 사용되는 용례들을 보면 이 둘의 차이를 명확히 아실 수 있을 거예요.

결재決裁: 결정할 권한이 있는 상관이 부하가 제출한 안건을 검토하여 허가하거나 승인함
- 서류를 결재하다
- 결재가 나다
- 결재를 받다
- 결재를 올리다

결제決濟: 일을 처리하여 끝냄. 증권 또는 대금을 주고받아 당사자 사이의 거래 관계를 끝맺는 일을 이르는 경제 용어
- 결제 자금
- 어음의 결제
- 카드로 결제하다
- 자동 결제

안일 安逸 하다 vs 안이 安易 하다

안일하다와 안이하다는 흔히 유사어로 분류될 수 있습니다. 이는 두 한자어의 첫 한자가 같은 단어라는 데서 생기는 필연적인 현상이라 할 수 있어요. 두 단어가 구체적으로 어떤 관계를 갖는지 알아보기로 하지요.

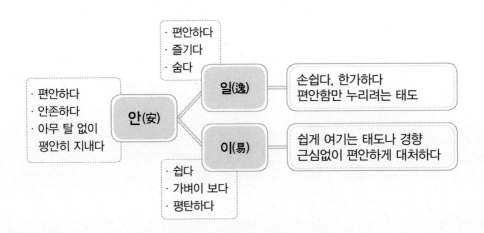

두 단어가 공통적으로 가진 첫 번째 한자는 '안安'으로 '편안하다, 아무 탈 없이 평안히 지내다'라는 의미입니다. '안일安逸'의 두 번째 한자인 '일逸' 역시 '편안하다, 즐기다'의 의미를 가지고 있습니다. 그런데 이 단어는 '숨다'나 '달아나다, 그르치다'와 같은 부정적인 의미로 쓰이기도 합니다. 두 한자가 합해진 '안일安逸'이라는 한자어는 '손쉽다, 편안하다, 한가하다'와 같은 의미로 쓰입니다. 여기서 '손쉽다'에 주목하세요. 이 '손쉽다'의 의미가 '안이安易'의 두 번째 한자의 의미이거든요.

안이安易라는 단어의 두 번째 한자인 '이易'는 '무역貿易'이라는 단어의 두 번째 한자와 동일합니다. 다만 '바꾸다'의 의미일 때는 '역'으로 읽히고 '쉽다'의 의미일 때는 '이'로 읽힙니다. '안이安易'라는 단어는 '쉽다'라는 의미로 쓰인 것이어서 '이'로 읽힌 것이지요. '안이安易'는 '쉽게 여기는 태도나 경향이 있다'라든지 '근심 없이 편안하게 대처하다'의 의미로 쓰입니다.

결국 두 한자어는 '편안하다, 평안하다, 쉽게 보다' 등의 측면에서는 비슷한 의미로 쓰인다고 할 수 있습니다. 이러한 경향은 실제 예문에서도 드러납니다.

- 그는 잘못을 저지르고도 그 순간만 모면하면 된다는 안이한 생각을 가지고 있다.
- 이번 대형 참사는 우리 사회의 안이한 사고방식에 대한 커다란 경종이다.

이들 예문의 한자는 '안일'과 바꾸어도 그 의미가 통합니다. 그런데 '안일'이라는 단어와 '안이'는 그 쓰임에서 약간의 차이점도 있습니다. '무사안일無事安逸'이라는 말에 주목해 보지요. 이 단어에는 어떤 문제에 적극적으로 나서지 않고 현 상태를 유지하는 데에 만족하면서 살려고 한다는 의미가 포함되어 있습니다. 이 경우에는 '무사안이無事安易*'와 같이 바꾸어 쓸 수 없습니다. 이러한 쓰임에 주목한다면 안일하다와 안이하다는 손쉽게 여기고 편안하려는 태도라는 측면에서는 비슷한 말이지만 '안일하다'라는 단어에 '관심을 적게 두는 태도, 현 상태를 유지하려는 경향'이 더 많이 포함되어 있다 할 수 있겠습니다.

결단決斷 vs 결딴

- 결과가 어떻든 어서 결단을 내려야겠다.
- 집안이 결딴난 지도 오래여서 돌아갈 곳이 없네요.

위의 밑줄 친 부분에서 맞춤법이 틀려 보이는 말을 찾아보세요. 단연 '결딴'이라는 말이겠지요. 여러분이 '결딴'이 잘못된 표기라 생각하는 데도 분명 이유가 있습니다. 아래의 한자어들을 보세요.

- 몰두沒頭 [몰뚜]   · 몰수沒收 [몰쑤]
- 결재決裁 [결째]   · 결정決定 [결쩡]

위 한자어들의 공통점을 아시겠지요. 이처럼 'ㄹ'로 끝나는 한자

뒤의 자음이 된소리로 발음되는 경우는 제법 많거든요. 그러나 이들을 '몰뚜, 몰쑤, 결쩨, 결쩡'으로 적지 않습니다. 그러니 '결단決斷'이라는 단어 역시 '결딴'으로 적으면 안 된다는 생각이 드는 것이 당연한 일이지요.

　하지만 이 말은 엄연한 표준어랍니다. 어떻게 된 일일까요? '결단'이라는 단어는 어떤 뜻인가요? '결정'이나 '판단'을 내린다는 의미잖아요. '결딴'이라는 단어는 무슨 뜻일까요? 이 뜻을 알기 위해서는 짧은 문장을 지어 보는 것이 도움이 된답니다.

- 집안이 거의 결딴이 났다는 소식을 들었다.
- 왜적의 손에 나라는 결딴이 났다.
- 그 집은 홍수로 거의 결딴이 났다.

이 짧은 문장들 속에 '결딴'이라는 단어의 의미가 느껴지시나요? 판단이나 결정과는 전혀 다른 의미로 쓰이고 있지요. 게다가 이 단어는 대부분 '나다'나 '내다'와 어울려 쓰인답니다. 두 단어가 같은 데서 나왔다 할지라도 새로운 의미가 생긴 경우에 맞춤법은 새로 굳어진 형태를 그대로 적는다는 원칙이 있어요. '결딴'이라는 단어가 '결단'으로부터 온 것이라 할지라도 다른 의미를 가지고 있고 특정 상황에만 쓰이고 있으니 맞춤법에서 '결딴'을 쓰도록 정한 것이지요.

　오늘날에 이 단어는 '결딴나다', '결딴내다'의 형태로 많이 쓰여서 '손쓸 수 없을 정도로 망가진 상태나 살림이 망하여 거덜 난 상태'를 뜻한답니다. 결딴이 옳은 표기라는 점을 외우는 것보다 왜 그런 일이 생겼는지를 기억하는 것이 맞춤법을 익히는 데 더 도움이 된답니다.

사단事端 vs 사딸

'사단이 났다', '사단이 벌어지다'와 같은 말에 익숙하신가요? 인터넷 기사문이나 드라마에서 흔히 나오는 말이랍니다. 무슨 뜻일까요? 이런 말은 주로 사건이나 사고가 발생했을 때 흔히 사용됩니다.

- 그렇게 술을 먹더니 결국 사단*이 났구먼.
- 내가 큰 사단*이 벌어질 줄 알았어.

그렇다면 위의 예문 속에 쓰인 '사단'이라는 말은 '사건이나 사고' 또는 '탈' 등의 의미를 갖는 말이어야 하겠지요? 그런데 그렇지가 않아요. '사단'에 해당하는 한자들을 찾아 봅시다.

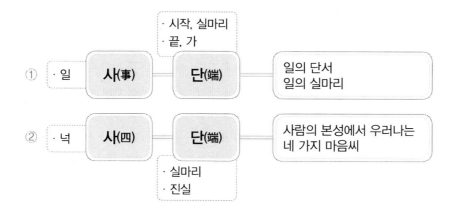

①이 지금 논의하고 있는 사단입니다. 여기서 '단'이라는 말은 '단서'나 '단초'라는 단어 속의 '단'입니다. '시작'이라는 의미로 쓸 수 있는 것 아시겠지요. ②번 역시 시작의 의미로 사용된 '단'입니다. 고등학교 윤리 교과서에서 나왔던 말로 사람이 본성적으로 가진 네 가지 덕목이라는 의미지요. 이제 아셨나요? '단'이라는 말에 사고나 탈의 의미가 들어 있지 않으니 '사단'을 '문제나 탈'의 의미로 쓰면 안 된다는 것이지요. 그런데 왜 '사단'을 '사고나 탈'의 의미로 쓰게 된 것일까요? 비슷한 발음을 가진 단어로 '사달'이라는 말이 있어요. 이 단어가 사고나 탈이라는 의미를 지녔답니다.

- 그렇게 술을 먹더니 결국 사달이 났구먼.
- 내가 큰 사달이 벌어질 줄 알았어.

앞의 문장을 '사달'로 고쳐 쓰면 올바른 사용이 됩니다. 앞서 ①에서 '사단'의 '단'은 '시작'이나 '실마리'라는 의미를 갖고 있는 동시에 '끝'의 뜻도 가지고 있다 했지요? 그래서 사단을 '일의 끝'이라고 잘못 해석해서 '사단이 났다'와 같은 의미로 잘못 쓰이고 있는 것이지요. 기억해야 할 것은 '사단'은 '일의 실마리나 시작'이라는 점. 왜냐, 이 한자가 실마리나 까닭의 의미로 더 왕성하게 활용되니까요.

이런 복잡한 관계에 있는 말은 둘을 모아서 한꺼번에 기억해 두는 것이 좋습니다. 사단은 '일의 단서, 단초'이고 사달은 '일이 잘못되어 가는 상황'으로요. 이것이 단어를 표준어에 알맞게 활용할 수 있는 방법이랍니다.

계발 啓發 vs 개발 開發

이 두 단어는 대체로 아래 예처럼 구분됩니다.

- 산업 개발, 자원 개발, 신제품 개발
- 지능 계발, 창의력 계발, 외국어 능력 계발

자원이나 산업, 경제의 발달과 관련된 문장에는 '개발'을, 능력과 관련된 문장에는 '계발'을 쓰는 것이 일반적이라고 알려져 있지요. 이는 꽤나 의미 있는 구별법입니다. 그런데 이 단어를 잘 구별할 수 있다고 생각하는 분들도 실제 사용할 때는 혼동되는 경우가 생깁니다. 예를 들어 보기로 하지요. 흔히 사용되는 말입니다. 아래

두 가지 중 어떤 것이 옳은 표현인지 골라 보세요.

- 자기 개발
- 자기 계발

　사실 두 가지 모두 맞춤법에 맞는 표현입니다. '계발'과 '개발'에는 겹치는 의미도 있기 때문입니다. 아래 그림을 보면 이 두 단어의 관계를 명확히 알 수 있습니다.

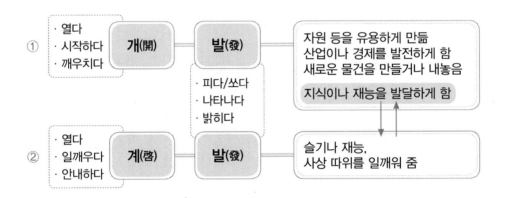

　위의 ①에서 보듯이 개발開發이라는 단어 속에는 '지식이나 재능 따위를 발달하게 한다'는 의미가 포함되어 있습니다. 그래서 ②의 '계발'과 비슷한 의미로 쓰이는 것이에요. 그렇다면 ②의 단어를 없애고 모두 '개발'을 쓰면 안 될까요? 그런 생각을 한다는 것 자체는 나쁘지 않아요. 하지만 어떤 단어가 아주 많이 활용된다는 것은 그만큼 의미 영역이 있기 때문입니다. 그리고 '계발'이라는 단어 속에는 '일깨워 주다, 인도하다'의 의미가 포함되어 있답니다. '계몽'과 같은 단어에 쓰인 '계'에서 이런 의미가 나오거든요. 즉, '계발'이라는 단어는 여러분이 생각하는 것보다 훨씬 더 많이 활용되는 단어인 것이지요.

- 상상력을 계발해야 한다.
- 잠재 능력의 계발이 필요하다.
- 평소에 자기 계발을 계속한 사람은 좋은 기회가 왔을 때에 그것을 잡을 수 있다.
- 학생들의 소질이 계발될 수 있도록 교육해야 한다.
- 대학생들이 합리적인 사고를 계발하다.
- 그들은 합리적인 지식을 계발하여 생활에 도움을 주었다.
- 교사는 학생의 잠재된 창의성이 계발되도록 충분한 기회를 주어야 한다.
- 학생들이 인성을 계발하기 위하여 노력한다.
- 그러한 태도가 창의력 계발을 저해한다.

이런 단어들을 모두 '개발'로 바꾸어 표현할 수는 없어요. 유의어로 쓸 때는 '지식이나 재능'을 대상으로 한다는 점, 꼭 기억하세요.

이용利用 VS 사용使用

'이용'과 '사용'은 우리가 흔히 사용하는 한자어예요. 대개의 경우 이 둘을 바꾸어 써도 무리가 없을 만큼 의미가 비슷합니다.

- 토기의 사용은 식량을 생산하고 저장하게 되었음을 보여 주는 것이다.
- 토기의 이용은 식량을 생산하고 저장하게 되었음을 보여 주는 것이다.

- 옛날에는 비둘기를 통신용으로 사용하였다.
- 옛날에는 비둘기를 통신용으로 이용하였다.

위의 문장에서는 '이용'과 '사용'을 혼용할 수 있습니다. 하지만 똑같은 의미의 단어가 두 개 존재하지는 않는다고 말씀드린 바 있어요. 언어는 그렇게 비경제적이지 않습니다. 같은 의미의 단어가 두 개 있으면 조금씩 조금씩 각각의 의미가 차지하는 영역을 늘려서 의미를 구별해 가는 경우가 더 많습니다. 그렇다면 '사용과 이용'이라는 단어 역시 의미 차이가 있을 가능성이 높습니다. 이 둘은 어떻게 다른 걸까요?

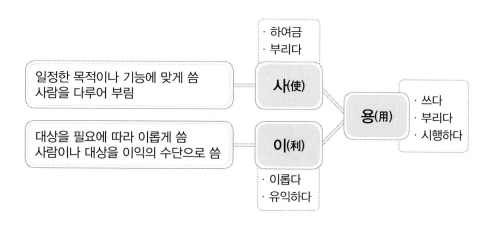

단어의 구성을 통해 살펴보면 이 둘 사이에 어떤 의미 차이가 있는지 분명히 나타납니다. '이롭다'라는 데서 차이가 나지요. '이용'이 '사용'에 비해 '이익이 되다'라는 뜻을 더 많이 담고 있습니다. '사용'은 단순히 '일정한 목적과 기능에 맡게 씀'이라는 뜻이거든요. 그래서 특정 문장에서는 둘을 분명히 구분해야 하는 경우가 생깁니다. 아래의 예문들은 이용이나 사용을 바꾸어 쓰기에는 어색한 문장입니다.

- 출퇴근은 지하철 이용을 권장한다.
- 출퇴근은 지하철 사용*을 권장한다.
- 지하철에서는 휴대전화 사용 금지.
- 지하철에서는 휴대전화 이용* 금지.
- 어른에게 존댓말을 사용해야 한다.
- 어른에게 존댓말을 이용해야* 한다.

이 두 단어의 의미 차이는 다음 예문에서 분명하게 드러납니다.

- 마음이 착한 사람은 다른 사람에게 <u>이용되기</u> 쉽다.
- 마음이 착한 사람은 다른 사람에게 <u>사용되기</u>* 쉽다.

위의 예문들을 볼 때 '이용하다'와 '사용하다'는 문맥에 따라 바꾸어 쓰는 것이 가능한지 확인해야 한다는 점을 아시겠지요? 이롭게 쓰는 것과 단순히 쓰는 것이 모두 가능할 때에는 두 단어를 모두 쓸 수 있고, 위의 문장들처럼 둘의 구분이 분명한 경우에는 구별해서 사용하세요.

삼촌^{三寸} vs 삼춘*
부조^{扶助} vs 부주*
사돈^{査頓} vs 사둔*

- 대학생 <u>삼촌</u>이 우리 집에서 살고 있다.
- 친한 친구라 <u>부조</u>를 많이 했다.
- <u>사돈</u> 사이라 불편한 게 한두 가지가 아니다.

모음조화라는 규칙을 아시지요. 앞 음절 모음과 뒤 음절 모음의 특성을 비슷하게 하여 양성모음은 양성모음끼리, 음성모음은 음성모음끼리 어울리게 하는 규칙이지요. '삼촌, 부조, 사돈'에 대해 말하면서 갑자기 웬 모음조화냐고요? 아주 긴밀한 관련이 있답니다. 조금만 더 들어 보세요. 이 모음조화가 아주 규칙적이었던 때가 있었어요. 그래서 다음 표에 나타난 대로 양성은 양성끼리 음성은 음성끼리만 연결시키려 한 적도 있었답니다.

	모음	느낌
양성모음	ㅏ, ㅗ, ·(없어짐)	밝고 맑고 가벼운 느낌
음성모음	ㅓ, ㅜ, ㅡ	어둡고 불투명하고 무거운 느낌
중성모음	ㅣ	-

그러다가 '·'라는 소리가 사라지게 되었지요. 그러면서 이 음을 가지고 있었던 말들이 다수 소리가 바뀌었겠지요. '·'는 단어 속에서 'ㅏ'나 'ㅡ'로 바뀌었습니다. 문제는 여기에 있어요. '·'가 'ㅡ'로 바뀌었다는 것은 양성모음을 가졌던 단어가 음성모음을 가지게 되었다는 것을 의미하잖아요. 이런 과정에서 모음조화라는 규칙이 파괴되기 시작한 거예요. 그리고 그 영향은 오늘날까지도 미치고 있습니다.

맞춤법이나 표준어에서는 이런 규칙의 붕괴 상황을 표기에 반영하게 되었어요. 그래서 '오똑하다*'를 '오뚝하다'로 '괴로와*'를 '괴로워'로 표기하는 것을 인정하게 된 것이지요. 심지어는 '깡총깡총*'도 '깡충깡충'으로 표기해야 알맞게 되었답니다.

그 변화에서 예외로 남게 된 것이 위의 세 가지입니다. '삼촌, 부조, 사돈' 역시 많은 사람들이 '삼춘*, 부주*, 사둔*'이라고 발음하고 있기는 합니다. 하지만 맞춤법에서는 '삼촌, 부조, 사돈'으로 표기해야 합니다. 단어를 말하는 사람이 이 단어 속의 한자의 어원에 대해 인식하고 있다고 판단했기 때문입니다.

예를 들어 이런 것입니다. 삼촌三寸의 '촌'이 '촌수'를 지시하는 것이고 '부조扶助'의 돕는다는 의미의 '조'라는 인식을 분명히 하고 있다는 것입니다. 그래서 이들 단어는 모음조화의 붕괴 양식을 따르지 않고 그대로 양성모음을 인정하고 있는 것이랍니다.

파투破鬪 vs 파토*

- 그 판은 밑장이 모자라는 바람에 파투가 났다.
- 그 일이 그렇게 파투가 날 줄은 몰랐다.
- 잘 되는 판에 꼭 파투를 내는 사람들이 있다.

'파투'라는 말은 주로 화투 놀이에서 쓰는 말이지요. 화투를 잘 못하는 사람들도 들어 본 적이 있을 거예요. 일이 흐지부지되었을 때 이 말을 쓰는 경우가 많거든요. 이 경우 '파토'라고 발음하시는 경우가 많은데 이 단어의 옳은 표기는 '파투'입니다. 왜 그럴까요? 여기서 '투鬪'라는 말은 '경쟁하다, 싸우다'라는 말로 '전투, 투쟁' 할 때의 '투'와 같은 단어예요.

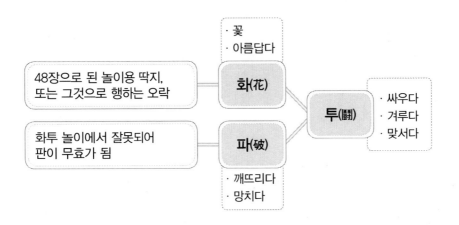

'전투'나 '투쟁'을 '전토*'나 '토쟁*'으로 말할 수 없듯이 '파투' 역시 '파토*'로 발음할 수 없는 것입니다.

댓글 vs 답글 vs 덧글*

- 그 글이 인터넷에 올라오자 수천 개의 댓글이 달렸다.
- 그 글이 인터넷에 올라오자 수천 개의 답글이 달렸다.
- 그 글이 인터넷에 올라오자 수천 개의 덧글*이 달렸다.

인터넷에 오른 글에 대해 의견을 표하는 글을 가리켜 무엇이라 할까요? 일상적으로 '댓글, 덧글, 답글'이라 불리고 있어요. 이 중에 어떤 말을 써야 할까요? 어떻게 쓰든 일상생활을 하는 데는 지장이 없습니다. 하지만 공식적으로 지정된 말이 무엇인지는 알아야겠지요? 그래야 올바른 언어생활을 할 수 있잖아요. 사전에는 두 개의 단어만 실려 있습니다. 무엇일까요? 다음을 보세요.

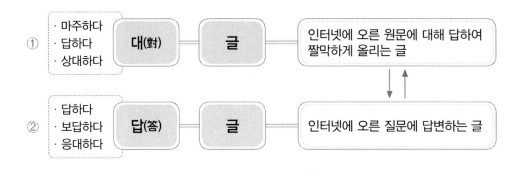

	대(對)	글	인터넷에 오른 원문에 대해 답하여 짧막하게 올리는 글
① · 마주하다 · 답하다 · 상대하다			
② · 답하다 · 보답하다 · 응대하다	답(答)	글	인터넷에 오른 질문에 답변하는 글

　두 단어가 만들어졌을 때에는 크게 의미 차이는 없었을 거예요. ①, ②의 '대'와 '답'의 한자가 비슷한 의미를 포괄하고 있으니까요. 하지만 이런 단어들은 자연스럽게 의미를 구별하여 쓰이게 되어 있어요. 사전에서 말하는 두 단어 사이의 의미 차이는 간단하네요. 질문에 답변하는 글을 '답글'로, 그렇지 않은 글은 '댓글'로 구분하려는 것이지요. 맞춤법으로 댓글과 답글을 구별하여 사용하는 것을 기억해 두세요.

　이제 댓글, 답글, 덧글에 관련된 두 가지 문제가 남아 있네요.

　첫째, '댓글'에 'ㅅ'이 들어간 이유는 무엇일까?
　둘째, '덧글'을 표준어로 인정하지 않은 이유는 무엇일까?

　이제 궁금증을 풀어봅시다. 한자어 대와 글 사이에 'ㅅ'은 왜 들어갔을까요? '인터넷에 오른 원문에 대해 짧막하게 올리는 글에 해당하는 2음절의 말'을 발음해 보세요. [대글]인가요? [대끌]인가요? 어떤 분은 [댇끌]로 발음될 수도 있습니다. 혹시 세 가지 다라고 생각하는 분은 문장에 넣어 발음해 보면 됩니다. 표준어나 맞춤법은 문장 발화 속도를 보는 것이거든요.

- 그 글이 인터넷에 올라오자 수천 개의 댓글[①대글*/②대끌/③댄끌]이 달렸다.

②, ③은 가능하지만 ①처럼 발음되지는 않습니다. 여기서 두 번째 음절의 'ㄲ'에 주목하세요. 한국어는 앞 음절에 'ㄴ, ㄹ, ㅁ, ㅇ' 이외의 자음이 있으면 뒤 음절 자음의 첫소리가 반드시 된소리로 나는 규칙이 있습니다. 이 규칙은 필수적인 것이라 모든 단어에 적용됩니다. '대+글'이 [대끌/댄끌]로 발음된다면 앞 음절에 'ㄴ, ㄹ, ㅁ, ㅇ' 이외의 자음이 있다는 것을 의미합니다. 그것이 'ㅅ'인 것이지요. 이 규칙을 기억해 두면 사이시옷과 관련된 혼선을 꽤 많이 줄일 수 있답니다.

두 번째로 '덧글'을 표준어로 지정하지 않은 이유에 대해 알아보기로 하지요. 단어 속의 앞머리에 '덧'이 오는 말을 생각해 보세요.

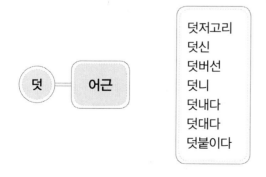

덧 — 어근

덧저고리
덧신
덧버선
덧니
덧내다
덧대다
덧붙이다

앞서 본 단어들은 실제 의미를 가진 단어 앞에 '덧'이라는 말이 붙어서 새로운 단어가 만들어진 예들입니다. 그런데 '덧-'이 붙어서 새로운 말을 만드는 방법은 오늘날 한국어에서 살아 있는 규칙이 아닙니다. 그렇기 때문에 이 단어를 표준어로 지정하기가 어려운 것입니다. 살아 있다는 말은 오늘날의 한국어 화자가 그런 방식에 따라 새로 단어를 만들고 있다는 말입니다. 그래서 여러분은 명사에 명사를 붙이거나 한자어에 우리말 명사를 붙여 새로운 단어를 만들 수가 있는 거예요.

곤혹 困惑 vs 곤욕 困辱 vs 고역 苦役

흔히 혼동하는 한자어 중에 '곤혹, 곤욕'이 있습니다. 발음이 비슷하기에 생기는 일입니다. 고역이라는 말도 자주 사용하지요. 이렇게 복잡해 보이는 한자들을 어떻게 구별해야 할까요?

일단 '곤혹, 곤욕'의 의미부터 해결해 봅시다. 한자어를 쉽게 익히는 방법은 한자어를 구성하는 각각의 말로 다른 단어를 만들어 보는 것입니다. 예를 들어 볼까요? '곤욕'이나 '곤혹'을 이루는 첫 번째 한자인 '곤困'으로 시작하는 단어를 생각해 보세요. 흔히 쓰이는 한자로 '곤란困難'이 있네요. 이번에는 '욕'으로 시작하는 한자를 생각해 보세요. '욕설辱說'이라는 한자가 떠오를 거예요. 그럼 욕설이라는 말은 무슨 뜻이지요? '모욕을 주는 말'이네요. 여기서 '모욕'의 '욕'이라는 글자가 '곤욕'의 '욕'과 같답니다. 그러면 '곤욕'이라는 말의 의미가 나오네요. 곤욕은 곤란의 의미와 모욕의 의미가 들어 있는 한자어인 것이지요.

한자어 하나를 둘러싼 아래와 같은 퍼즐은 한자어의 의미를 예측하게 하거나 한자어를 확장하는 데 도움을 준답니다. 곤혹 역시 마찬가지예요. '혹'으로 끝나는 말에는 여러분이 흔히 쓰는 '의혹'이 있지요. 그리고 '현혹되다', '미혹되다'에 쓰이는 '현혹'이나 '미혹'이라는 말이 있어요. 모두 '무엇에 홀리거나 의심하다'는 의미를 가진 단어들이지요.

위의 관계를 보면 '곤욕'이 '곤란하고 모욕적인 일' 자체를 가리킨다면 '곤혹'은 '곤란한 일로 인해 어쩔 줄 몰라 하거나 의심하는 상태'라는 것을 알 수 있어요. 위의 한자어 끝말 잇기를 통해 의미를 추출해 내는 것이지요. 한자어의 의미를 파악하기 위한 이런 연습을 꾸준히 하면 맥락에 따라 한자어들의 의미를 예측할 수 있게 된답니다. 제가 자꾸 다음 장과 같은 그림을 그려 보여 드리는 이유도 여러분이 위의 퍼즐을 그리는 이유와 마찬가지랍니다. 저는 여러분이 단어와 단어의 관계를 읽을 수 있길 바라거든요.

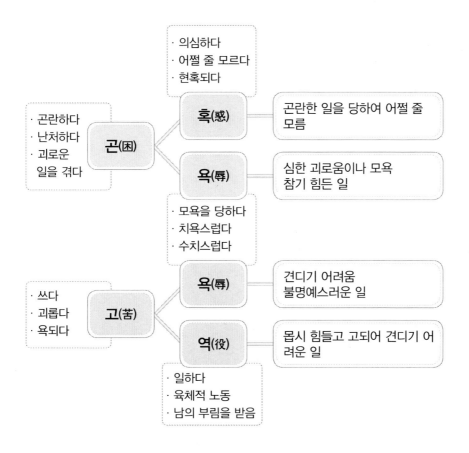

위 그림을 보면 '고욕'이나 '고역'이라는 단어의 의미도 알 수 있어요. 여러분은 여기서 이 단어들이 실제에서 얼마나 사용되느냐에도 관심을 가지세요. 위 그림에서 '고욕'은 의미상 '곤욕'과 거의 비슷합니다만 자주 사용되는 말은 아니에요. 그러니 우리가 곤란하거나 심한 모욕 또는 참기 힘든 일을 가리킬 때 주로 '곤욕'으로 표현한다는 거지요.

그렇다면 본격적으로 '곤욕'과 '곤혹'의 차이에 주목해 보기로 해요. 위 그림에서 보면 '곤욕'은 '일이나 상황'을 가리킬 때 쓰는 말이고요, '곤혹'은 '곤란한 일에 어쩔 줄 모름'이라는 의미로 쓰이잖아요. 이런 차이가 실제 문장에서는 어떻게 나타날까요? 아래 예문에서 그 차이를 발견해 보세요.

- 기자들이 설치는 통에 가족들은 곤욕을 치러야 했다.
- 갑작스러운 질문에 그는 곤혹스러운 표정을 지었다.

'곤욕'이 문장에 나타나려면 '치르다, 겪다, 당하다'와 같은 서술어를 필요로 합니다. 이것은 이 단어가 '곤란한 일'이라는 의미를 가지기에 생기는 필연적인 현상이지요. 하지만 '곤혹'은 단어의 의미 속에 이미 '치르다, 겪다, 당하다'의 의미가 들어 있기 때문에 이런 쓰임은 거의 나타나지 않습니다. 대신 '-스럽다'가 붙어서 형용사로 쓰이거나 '곤혹을 느끼다'와 같은 표현으로 나타나지요.

마지막으로 '고역'을 볼까요? 이 단어는 '곤욕'이나 '곤혹', '고욕'과 의미상으로는 차이가 많이 난답니다. 이 차이는 '역'이라는 말에서 생깁니다. 앞서 보았던 말 퍼즐로 '고역'의 의미를 짚어 볼까요? '고'는 고통, 고민이라는 단어의 '고'입니다. 괴롭다는 의미의 한자이지요. '역'은 일이나 의무라는 의미입니다. 병역, 부역, 사역이라는 말에 쓰이는 한자이지요. 결국 이 말은 힘든 일, 고된 일, 힘에 부치는 일을 가리키는 단어예요. 그래서 이 단어는 아래와 같은 표현으로 나타난답니다.

- 옆에 있는 강아지만 애꿎은 고역을 치렀다.
- 할 일 없이 빈둥거리는 것도 고역이다.

이 단어도 일 자체를 가리키는 말이어서 '곤욕'이라는 단어와 마찬가지로 '치르다, 겪다, 당하다'와 같은 동사와 함께 쓰이는 일이 많아요. 단어들이 문장 속에서 어떤 말들과 어울리는지를 알아 두는 것도 글쓰기를 할 때 도움이 많이 된답니다.

역할役割 vs 역활*
할부割賦 vs 활부*

글을 쓰면서 '역할'이라고 해야 할지 '역활'이라고 해야 할지를 혼동하는 것은 흔히 있는 일입니다. 할부도 마찬가지에요. '활부'로 써야 하는 것은 아닐까 고민하게 됩니다. '활력, 활기, 활자, 활약, 활동, 활극, 생활, 자활' 등 '활活'을 포함한 한자어들이 일상에서 많이 쓰이기 때문이에요. 언어는 많이 쓰이는 말을 닮아가려는 속성이 있거든요. 하지만 '역할'이나 '할부'에서 쓰이는 '할'이라는 한자는 앞서 보았던 '활'과는 전혀 다른 의미의 한자이니 주의할 필요가 있어요.

그러면 우리가 흔히 쓰는 '활'을 포함한 한자와 역할이나 할부의 '할'이 어떤 의미인지를 구분해 보기로 해요. 혼동되는 것들은 일부러 함께 기억해 두는 것이 좋거든요. 아래는 여러분이 흔히 사용하는 '활(活)'과 관련된 한자어들입니다.

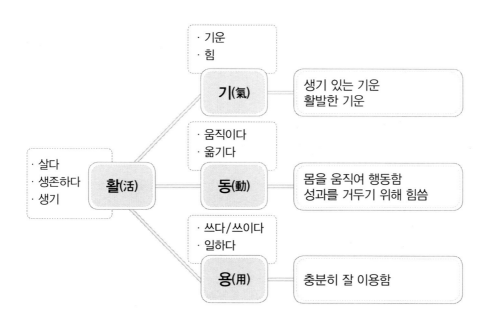

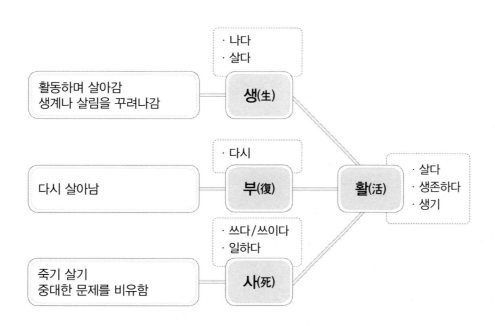

이렇게 몇몇 단어만 봐도 이 '활'이 포함된 말이 얼마나 많은지 그리고 얼마나 자주 쓰이는지를 아시겠지요. 그래서 '역할, 할부, 할인'과 같은 단어를 '역활, 활부, 활인' 등으로 혼동하는 거예요.

그런데 여러분이 거의 틀리지 않고 잘 사용하는 말도 있답니다. 바로 '분할分割'이라는 한자어입니다. '나눈다'는 의미를 가졌지요. 이 단어에 쓰인 한자 '할'은 '할인, 할부, 역할'의 '할'과 같고 당연히 이 단어들에도 '나누다'라는 의미가 포함되어 있답니다. '분할'이라는 한자어도 아주 흔히 쓰이는 말이기 때문에 다른 단어들보다 상대적으로 구분하기가 쉬운 거예요. 이들 의미도 묶어서 기억해 보기로 하지요.

　할인이든, 할부든, 역할이든 모두 '나누다'의 의미를 포함하고 있다는 것을 확인할 수 있으시지요? '분할 납부'의 의미가 '할부'이고요. 의무나 책임을 분할해 놓은 것이 '역할'이잖아요. 그리고 일부를 떼어내고 계산하는 것이 '할인'이니 모두 '나누다'의 의미라는 점 아시겠죠? '분할'의 '할'을 기억하면 더 이상 '활부', '활인', '역활'과 같은 오타는 만들지 않을 수 있답니다.

유례類例 vs 유래由來

유례類例와 유래由來는 발음이 거의 비슷하기 때문에 헷갈리기 쉬운 단어들이랍니다. 그런데 그 뜻은 아주 다르기 때문에 명확히 구분해야 하지요. 이 단어도 연관된 한자어를 떠올려 기억하는 것이 좋답니다. 먼저 '유례'부터 볼까요? '유'라는 한자는 너무 많기 때문에 비교적 쉬운 '례'부터 보기로 하지요. '례'로 시작하거나 끝나는 한자어를 떠올려 보세요. 물론 '례'로 시작할 때는 '예'가 되겠네요. 한자어를 풍부하게 하기 위해서는 이런 방식이 아주 유용하답니다. 이렇게 연습을 해 보면 여러분의 생각보다 훨씬 많은 단어를 알고 있다는 점을 실감할 수 있답니다. 그리고 국어에서 같은 말로 시작하는 한자어들이 많다는 것을 실감하실 거예요. '예'로 시작하는 단어들 역시 아주 많답니다.

- 예의, 예정, 예금, 예절, 예약, 예산, 예방, 예술, 예외, 예시, 예방, 예측, 예상, 예악, 예지

정말 많지요. 여기서 지치면 안 된답니다. 이 단계를 넘어서면 조금 더 간결해지거든요. 위의 단어들을 의미상 가까운 것들끼리 묶는 작업을 해 보세요. 이들을 분류해 보면 공통된 의미를 유추할 수 있으니까요.

예의, 예절, 예식	① 예(禮): 예절
예술, 예악	② 예(藝): 예술
예외, 예시	③ 예(例): 예시
예정, 예금, 예약, 예산, 예방, 예측, 예상, 예지	④ 예(豫): 예상 ➡ 미리

우리가 많이 쓰는 한자어 속의 '예'는 네 가지 의미로 분류할 수 있어요. 그렇다면 유례는 위의 ①~④ 중에 어떤 의미라 생각하시나요? 이 속에 '예술'의 의미가 들었는지, '예절'의 의미가 들었는지, '미리'의 의미가 들었는지를 생각하면 됩니다. 여러분이 예측하셨듯이 '유례'의 '례'는 '예시'의 '예'와 같은 한자입니다. 우리가 '예'를 들어 설명한다고 할 때의 그 '예'이지요. '유례'의 '유' 역시 여러분이 잘 아는 한자입니다. '예가 있는'이라고요? 시도는 좋습니다. 하지만 조금 더 가보기로 하지요. '있을 유有'만큼이나 우리에게 익숙한 '유'가 '종류'라고 할 때의 '류類'라는 단어입니다. '종

류, 인류, 어류, 유형' 등으로 나타나지요. 그렇다면 이 두 가지를 통해 '유례類例'라는 단어의 뜻을 유추할 수 있게 되었네요. '같은 종류의 예' 정도라고 볼 수 있겠지요. 사전 속의 의미와 비교해 볼까요? 우리가 이끌어 낸 의미와 그렇게 다르지 않지요?

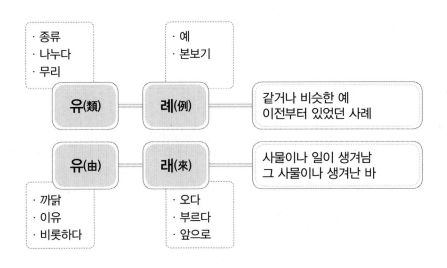

'유례'의 '유'가 '종류'의 의미를 가진 것과 달리 '유래'의 '유'는 여러분이 흔히 쓰는 다른 단어 속의 '유'입니다. '유'로 끝나는 두 자짜리 단어를 떠올려 보세요. 가장 먼저 떠오르는 단어가 무엇인가요? '우유'말고요. 이 단어에 그 의미가 들어 있을 리 없잖아요. 자유, 이유가 떠올려지시나요? 맞아요. '유래'의 '유'는 '이유理由', '자유自由'할 때의 '유'랍니다. 손쉽게 말해서 '온 까닭, 생겨난 이유' 등으로 의미가 추출된답니다.

사전을 찾아보면 이 단어는 '사물이나 일이 생겨남, 그 사물이 생겨난 바'로 되어 있습니다. 이렇게만 보니까 우리의 의미 예측이 좀 빗나간 것처럼 보이지요? 하지만 그렇지 않아요. 국어사전에서도 '유래'의 비슷한 말로 '이유'나 '까닭'을 들고 있거든요. 우리의 의미 파악 방식이 유용한 것이지요. 그런데 사전 속의 의미랑 우리가 추출한 단어는 왜 차이가 날까요?

사전 속 의미인 '사물의 생겨난 바'는 '사물의 내력'으로 바꿔 말할 수 있겠지요? 이건 한자어 사전을 보면 나오는 말이에요. 그리고 '내력'이란 '생겨난 이유나, 경로나 결과'를 의미하는 것이거든요. 유래의 사전 속 의미가 우리가 추출한 것과 아주 다르지는 않아요. 다만 유래 속의 '유'가 이유를 포함한 좀 더 포괄적인 경로나 결과를 말하는 것으로 보이네요. 사전 속 단어는 실제 사용하는 모든 말을 포괄해야 하기 때문에 의미가 추상적으로 나타나기도 한답니다. 더 많이 쓰이는 의미를 추출하려면 우리가 앞서 했던 방식으로 접근하는 것이 유용합니다. 다만, 조금 조심스럽고 치밀하게. 또 다른 방법은 예문을 보는 것입니다.

그럼 '유례'와 '유래'를 제대로 구분할 수 있게 된 것인지 확인할 겸 예문을 볼까요?

- 이번 사건은 역사상 유례 / 유래가 없는 이변이다.
- 역사상 그 유례 / 유래가 깊다.
- 그의 연구 결과가 유례 / 유래 없는 반향을 일으켰다.

예문에서 두 단어를 구분할 수 있겠지요? 일반적 용법을 하나 알려 드릴게요. '유례'는 주로 '없다'나 '힘들다'와 같은 부정적인 의미의 서술어와 많이 쓰인답니다. 참조하세요. 그러나 이런 일반성은 경향일 뿐이지 법칙은 아니라는 점도 함께 기억하세요.

👫 품위 있는 우리말 *고유어와 한자어*

한자어나 영어로부터 온 외래어를 고유어로 순화하려는 노력이 지속되고 있다는 것은 아시지요? 이러한 노력이 성공을 거둔 말들이 몇몇 눈에 띄는데요. 그 말들을 소개하려 합니다. '고수부지高水敷地'라는 말, 많이 들으셨을 거예요. 일본에서 온 한자어라 최근이 말을 '둔치'로 순화해서 사용하는 노력이 있었어요. '둔치'를 사용하는 사람들이 많아지면 자연스럽게 '고수부지'라는 말이 없어지게 되니까요.

이렇게 순화어를 의식적으로 사용함으로써 사라지게 된 말이 일본식 한자어인 '노견路肩'이라는 말이에요. 좀 낯설지요? 요새는 고유어인 '갓길'이라는 말이 사용되기 때문입니다. '갓길'이라는 말이 많이 사용되면서 일본식 한자어를 대체하게 된 사례는 우리에게 한자어에 대한 시사점을 보여 줍니다. 일상에서 사용되는 말들을 고유어로 순화하는 과정을 통해 사라져 가는 고유어를 지키려는 노력이 의미 있는 것이라는 점을요.

영어식 표현도 마찬가지일 거예요. '네티즌'을 '누리꾼'으로 바꾸려는 노력은 어느 정도 확산되고 있는 것으로 보여요. '갓길'만큼의 위력을 가진 것은 아니지만 많은 사람들이 사용하고 있으니까요. 별거 아니라고 여길 수도 있지만 일상에서 사용하는 우리말 문장 속에 주요 의미 부분은 한자어나 영어가 차지하고 조사나 어미만 고유어가 되는 세상을 상상해 보세요. 우리가 고유어를 지키려는 노력을 하지 않으면 이런 극단적인 상상이 현실화될 수도 있어요. 그래서 우리는 고유어로 순화하려는 것이 무엇인지에 대한 관심을 가질 필요가 있습니다.

반면 한자어가 필요한 분야가 있다는 점도 인정해야 합니다. 생활, 생존, 평화, 평등, 자유, 문화와 같은 단어들 없이 사고가 가능할까요? 이들을 모두 고유어로 바꾸려고 노력하는 데 시간과 비용을 지불할 필요가 있을까요? 그래서 이미 우리의 몸에 배어 있는 한자어들을 우리말로 인정하고 제대로 활용하는 마음가짐도 필요합니다.

우리가 맞춤법을 제대로 익히기 위해 사용했던 한자어들을 떠올려 보세요.

- 문법, 어간, 어미, 활용, 명사, 대명사, 수사, 부사, 동사, 형용사, 조사, 파생, 합성, 접사, 표준어, 단어, 문장, 어구

이런 한자어들 없이 '맞춤법'을 제대로 설명할 수는 없습니다. 오히려 한자어 내에 포함된 뜻글자의 요소를 적극적으로 활용하면 개념을 명확히 아는 데 도움이 됩니다. 특히 학문적 영역에서 한자어는 그 학문을 수행하기 위한 사고의 도구입니다. 전문적인 사고 활동을 하는 데 한자어로 이루어진 개념을 제대로 이해하고 활용하는 과정이 꼭 필요하거든요.

그래서 품격 있는 우리말을 위해서라도 한자어를 대하는 원칙들을 정해 둘 필요가 있습니다. 먼저 한자와

한자어는 구별해야 할 것입니다. 한자어를 사용한다는 것이 한자를 쓸 줄 알아야 한다는 의미는 아닐 수 있어요. 또 한자어를 사용할 때도 맥락에 알맞게 활용해야 합니다. '재원'이라는 말을 예로 들어보지요. 이 말은 결혼식 주례에서 흔히 듣게 되는 말입니다.

- 신부는 자신의 전문분야에서 알아주는 재원으로 지와 덕을 갖추었습니다.

이 재원才媛이라는 말은 '재주 있는 여자'라는 의미를 가진 말입니다. 남자에게는 사용하지 않는 말이지요. 자주 쓰는 말은 아니지만 웃어른의 자녀를 일컫는 영애令愛, 영식令息이라는 말도 남녀를 구별해서 쓰는 말입니다. 특히 이런 말들은 격식 있는 자리에서 자주 쓰이는 만큼 더욱 조심해야 합니다. 자칫 잘못 사용할 경우 오해를 불러일으킬 수 있으니까요. 자신의 언어 습관을 정확히 파악하고 한자어 사용에 대해 기준을 세우는 것도 하나의 해답이 될 수 있답니다.

100명 중 98명이 틀리는
한글 맞춤법

1판 1쇄 발행 2016년 1월 25일

지은이 김남미
발행인 오영진 김진갑
발행처 나무의철학

기획실장 김지혜
책임편집 임나리
기획편집 이승희 심설아
디자인총괄 강수진
마케팅 박시현 홍태형
경영지원 조선경

출판등록 2006년 1월 11일 제313-2006-15호
주소 서울시 마포구 서교동 월드컵북로5가길 12 서교빌딩 2층
전화 02-332-3310 팩스 02-332-7741
홈페이지 www.tornadobook.co.kr

종이 월드페이퍼(주)   인쇄·제본 현문자현(주)

ISBN 979-11-5851-021-3 14710
     979-11-5851-020-6 14710(set)